大江戸

年中行事の作法

監修　小和田哲男

GB

江戸時代に花開いた
四季折々の町人文化を追う

　徳川家康が天下を統一し、265年あまり続いた江戸の幕藩体制。海外との交流は長崎だけに絞られ、鎖国の中で花開いたのが江戸の文化である。

　江戸時代以前までは、武士や貴族などが文化の中心にいた。だが、泰平の時代に入ると町人階級の経済的、社会的な地位が向上し、文化の中心は彼らのものになった。

　江戸時代の町人たちが行っていた四季折々の伝統行事は、現代に継承しているものもある。しかしながら、

時代を下っていく中で変容、または消滅してしまった文化も多い。

　たとえば、正月に行う初詣は江戸時代にもあるにはあったが、限りなく少数派であった。江戸時代の正月は、家で過ごすのがスタンダードだったのだ。

　現代に生きる私たちは、一体何を残してきたのか？そして、何を変えてしまったのか？

　本書では、江戸時代に生きた町人たちが築いた文化を現代との比較も行いつつ、わかりやすいイラストとともに紹介する。

　ぜひ、江戸時代の奥深さを知り、日本文化の素晴らしさを改めて感じていただければ、望外の喜びである。

小和田哲男

江戸の暦は月の動きをもとにした 太陰暦が使われていた

太陰暦

月の満ち欠けで日を数える
太陰暦。新月の日が1日で、
満月の日は月半ばの15日と
いう数え方をしていた。

現在、世界のほとんどの国では太陽の動きをもとにしたグレゴリオ暦が使われているが、江戸時代には、月の満ち欠けを基準にした太陰暦が使われていた。

月は、欠けてほとんど見えない新月から日に日に満ちていき、丸い満月の姿になる。そして次の日から少しずつ欠け始め、再び新月になる。この周期は約29.5日だ。

太陰暦では毎月、新月の日を朔日として

満月の日が15日、月の姿がほとんど見えなくなるほど欠けていけば月末と、月の形でおおよそ今日が何日かを知ることができた。

しかし、月の満ち欠けの周期は29.5日なので、仮に1カ月を30日とすると1年は30×12＝360日になる。実際は29.5×12＝354日なので、6日の違いがある。これを放っておくと2年半後には朔日なのに満月が出ているということになってしまう。

大小暦

新暦

明治5年12月2日に旧暦を廃止して、地球が太陽の周りを回る周期をもとに作られた新暦に変更となり、この日を1月1日とした。

大小暦

小月(29日)が細字で書かれ、大月(30日)が太字で書かれた大小暦が使われていた。

それでは都合が悪いので、29日で1カ月の「小の月」と、30日の「大の月」が交互にくるようにしていた。つまり(29日＋30日)×6＝29.5日×12カ月として計算していた。

一般の人たちには月の大小がわかれば、月の形を見ることでおおよその日付がわかったので、江戸時代には大の月、小の月の並べ方だけを表した「大小暦」が使われていた。

しかし、この暦では1年は354日になっ

てしまう。1年は365日だから、1年になんと11日のズレができてしまうのだ。

これを調整しないと何年か後には、真夏に正月が来てしまうことになる。そのため、おおよそ5年に2回ほど1年を13カ月にしてズレを調整していた。

この増やした月を「閏月」というが、年のうち何月を増やすのかは、はっきりとは決まっていなかった。

二十四節気を楽しんだ 江戸の庶民たち

二十四節気

円の一番外側が新暦。明治5年の改暦により、旧暦と新暦とでは、およそ1カ月のズレが生じている。

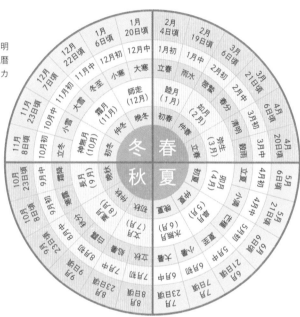

江戸時代の季節は、太陽の1年間の動きを24分割した二十四節気によって四季を分けていた。今でも耳にする立春や夏至、立秋や夏至などがそれにあたる。

この二十四節気を便宜的に月の動きに合わせた旧暦に割り当てているので、睦月、如月、弥生は春、卯月、皐月、水無月は夏、文月、葉月、長月は秋、神無月、霜月、師走は冬となっている。

ちなみに、旧暦の1月1日は、閏月がなければ約11日間後退し、閏月があれば18日ほど進む。現在の1月21日頃から2月20日頃に相当し、季節は先ほどの二十四節気でいうと立春である。旧暦だと約1カ月の開きがあるものの、どちらにしても寒さが和らぐ頃合いなので春といっても差し支えない。むしろ、旧暦の名残りで今の1月1日を新春というほうが違和感を覚える。

絽

単衣の着物

夏

日本の夏は当時から湿度が高く汗をかいた。そのため、夏の服装は通気性のよいものが選ばれた。

長合羽

棉入れの着物

こたつ

冬

厳しい寒さだった江戸時代。裏地と表地に綿を入れた「綿入れ」の着物を着て、寒さをしのいでいた。

新暦の場合だと、冬真っただ中だからだ。

また、旧暦と新暦ではおよそ1カ月のズレがあるものの、江戸時代の夏は今と同様に高温多湿であった。夏用の着物には、絽や紗と呼ばれる通気性がよく体が透けて見えるものを着ていたようだ。

一方、冬は現代と比べると非常に寒かった。江戸時代は、小氷河期のためよく雪が降り積もった。庶民たちの服装は、着物に裏地をつけた袷が好まれ、さらに気温が下がると、袷の表地と裏地の間に綿を入れていたようだ。

本書では、旧暦と新暦の違いで多少季節感がズレるものの、季節によるイベントをテーマにしている。

読み進んでいくうちに、「今でいう何月頃だっけ？」と、疑問に思ったらこのページに戻るといいだろう。

イベント好きな江戸っ子たちの 季節と暮らし

夏の長屋の様子

蚊に刺されないように蚊帳を使ったり、たらいに水を入れて行水したりして夏を過ごした。

蚊帳

団扇（うちわ）

桶

たらい

　　季節ごとの行事を楽しんでいた江戸の庶民たち。彼らの多くは長屋と呼ばれる集合住宅に住んでおり、行事に繰り出すときはこの場所が起点となった。ちなみに、比較的裕福な商人や職人たちは表通りに面していた表店、それ以外は表店に囲まれた内側の裏店（裏長屋）に住んでいた。

　裏店の間取りは、間口が9尺（約2.7m）、奥行きが2間（約3.6m）の約3坪が一般的で「九尺二間の裏店」と呼ばれていた。入口の戸を開けると煮炊き用のかまど（へっつい）を配した土間があり、奥に三畳、あるいは四畳半の部屋が1室あるだけだった。

　夏になると長屋の住人たちは、表戸と裏窓を開け放して風を入れ、強い日差しはすだれやよしずでしのいだ。戸を開け放っていると夜には蚊に悩まされることになる。そこで蚊帳（かや）をつったり、「蚊遣り（かやり）」という蚊

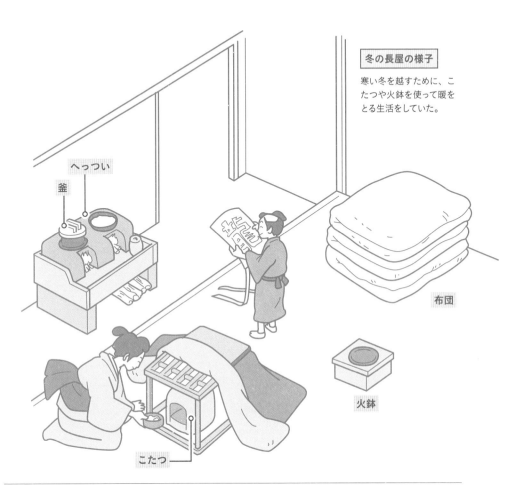

へっつい

釜

布団

火鉢

こたつ

を寄せつけない草を燃やす道具を使ったりして蚊を追い払った。

　江戸時代の住宅の仕切りは障子や襖だったので、冬の寒さはひとしお。当時の暖房器具といえば、火鉢かこたつ、あんかくらい。江戸の庶民に最もよく使われた暖房器具が長方形の長火鉢で、暖まるだけではなく、炭火にかけて鍋や酒を温めたりしていた。こたつは中に入れた炭を燃やして暖を

取るが、小ぶりで家族全員が入れるようなものではない。もちろん火鉢でも部屋全体が暖まることはないので、こたつや長火鉢のある所に家族全員で集まって寒さをしのいでいた。

　当時は掛け布団がなかったので、冬に寝る時は「かいまき」という、着物より一回り大きい綿入れのドテラのようなものを掛けて眠っていた。

contents

一章　 春の作法 〔1月〜3月〕

◆ 睦月

◆ 如月

◆ 弥生

二章　夏の作法 ［4月〜6月］

◆ 卯月

◆ 皐月

◆ 水無月

三章　秋の作法 ［7月〜9月］

◆ 文月

四章　冬の作法〔10月～12月〕

五章 通年イベントの作法

一章

春 の 作 法

旧暦 ▷ 1月〜3月

新暦 ▷ 3月〜5月

季節的には春に相当する旧暦の1月から3月。1月といえば、今も昔も多くの人で賑わう正月の行事が想像できるが、2月や3月はどんなイベントを開催していたのだろうか？　春のイベントを通して、江戸っ子たちの暮らしぶりを解き明かします。

初日の出に初売りセール、
江戸の正月はイベントが目白押し！

該当する人々 ▷	町人	農民	武家	皇家	その他

該当する時代 ▷	江戸前期	江戸中期	江戸後期

 ## お正月の前から新年を迎える行事が目白押し

正月は1年のうちで最もイベントが多い時期だ。

江戸時代、新年を迎えるための最初の準備とされたのが、11月に縁起物の竹熊手を売る大鳥神社の酉の市だ。

酉の市は「おとりさま」とも呼ばれ、もともとは現在の足立区にある大鷲神社の行事だった。

さらに12月13日に煤払いをして厄を払い、正月の事始めにかかった。

大晦日の夜には、歳徳神を迎える縁起のよい方角（恵方）にある寺社に初詣をし、初日の出を拝んだ。この初日の出を見に行くこと（ご来光見物）が行われるようになったのも江戸時代からである。

元旦は、江戸城に新年の挨拶をするために登城する大名や幕臣、その家来たちで賑わった。その様子を見物したり、江戸城から主人が戻って来るのを待っている家臣たちに物を売ったりする町人たちも群がっていた。

元日の商店は前日の大晦日の深夜まで、決算のための棚卸しをしているためお休み。そのため、町人が住む地域は静まりかえっていた。

翌1月2日は商店の初売りが行われ、初荷を運ぶ人たちや買い物客、門付け芸人（詳細は22ページ）で大賑わい。店の印や屋号が書かれた弓張提灯を飾り、たくさんの初荷を積んだ大八車や馬が行き交った。

人々は年始の挨拶回りに出かけ、子どもたちはたこ揚げやカルタ遊びに興じた。親しい相手だとおせちやお酒をごちそうになり、さほど親しくない相手なら玄関に置かれていた礼帳という帳面に名前を書いて帰った。

江戸幕府の祝日・五節句のうちの人日に当たる7日に七草粥を食べ、商店では11日に蔵開きをして仕事始めを祝い、15日の小正月、16日は藪入りには商店の奉公人たちも休みとなった。

正月の行事

新しい年が明け、最初の行事がスタート！

立春が間近に迫った旧暦の正月は、まさに「新春」と呼ぶに
ふさわしい時季。江戸っ子たちは挨拶回りに追われていた。

正月の挨拶

正月になると江戸商人たちは武家と同じように裃を着て、
新年の挨拶回りをしていた。その際、「新年明けましておめ
でとうございます」という挨拶ではなく、「謹んで御慶申し
入れます」というのがポピュラーだった。

武士

商人

謹んで御慶申し上げます

初日の出

洲崎（現在の江東区）は初日の出の名所だった。ま
た、高輪（現在の品川区・港区）や愛宕山（現在の
港区）なども名所で、ご来光見物に訪れる人がい
た。ただ、当時はあまり一般的ではなかった。

行事FILE

湯屋の営業は2日から開始

湯屋は正月2日から営業スタート。この日は通常
料金に加えて心づけ（チップ）を渡す慣習があっ
た。番台の前には、紙に包まれた心づけが山のよ
うに積まれていた。

心づけ

<table>
<tr><td>春の作法
その二</td><td colspan="2"><h1>禁止令が出されるほど
大人も凧揚げに夢中になった</h1></td></tr>
</table>

該当する 人々	町人	農民	武家	皇家	その他

該当する 時代	江戸前期	江戸中期	江戸後期

 ## 大人も子どもも楽しんだ 多種多様なお正月の遊び

お正月には、カルタ、凧揚げ、羽根突き、双六はもちろんのこと、貝合、絵合、花結び、小鳥合、十種香、盤遊び、縫物比べといった遊びが盛んに行われていた。

中でも双六は、子どもから大人まで一緒に遊ぶことができる玩具だった。双六が日本に伝わったのは7世紀以前と考えられていて、持統3年（689）には「双六禁止令」が出されているほどであった。これは日本で最初に出された賭博禁止令で、当時双六が賭博の道具として広く使われていたためだ。

現在のものに近い双六が使われるようになったのは江戸中期。この頃になると、さまざまな双六が生まれた。

双六では、庶民でも将軍や大店の商人、人気役者になれたり、京都や富士山などの名所を旅行したりできる。そのためコマを進めると出世していく出世双六、日本の各所を巡る名所双六、歌舞伎役者が描かれた役者双六などが人気を集めた。

また、子どもたちにとって双六は、世の中の仕組みや身分などの上下関係、日本の地理などを学ぶ上で重要なものになっていた。

カルタは16世紀後半に日本に伝わったと考えられているが、江戸時代のカルタは48枚1組で現在のトランプに近かった。このカルタはのちに75枚1組の「ウンスンカルタ」に変わり、よく賭博に使われたので、江戸時代にはたびたび禁止令が出されている。

凧揚げは外遊びの代表的なもので、立春の空を仰ぎ見るのは健康にいいと考えられていたため、子どもだけではなく大人も楽しんでいた。

羽根突きも外遊びの定番で、羽子板はコキイタ、羽根はコギノコと呼ばれていた。元禄年間になると羽子板や羽根に錦絵や役者絵が描かれ、華美な装飾が施されるようになっていった。

正月の遊び

今も昔も正月は遊んで過ごす人が多かった

羽根突きや凧揚げなど、正月の遊びが定着したのがこの時代。特に凧揚げは禁止令が出されるほど人気を博した。

盤双六

絵双六

盤双六と絵双六
江戸時代の双六は、7世紀に中国から伝わった盤双六と、現代にもある絵双六の2種類があった。盤双六は対戦式で2人でしか遊べないが、絵双六は複数人で遊べるため人気が高かった。

凧揚げ
長い足がついている形から、もともとは「いかのぼり」と呼ばれていた。庶民が熱中し、喧嘩沙汰が絶えないことから禁止令が出た。

羽根突き
武家に女児が誕生した際、羽子板を贈る習わしがあった。それが庶民にも伝わり、正月の女児の遊びとして定着した。

江戸っ子はお金を払ってでも いい初夢を見たかった

該当する人々	町人	農民	武家	皇家	その他	該当する時代	江戸前期	江戸中期	江戸後期

1年の吉凶を占った 初夢の「お告げ」

　江戸時代、夢は神仏からのお告げだと考えられ、夢見は吉凶を占う重要なものだと信じられていた。

　中でも元日の夜から1月2日の朝にかけて（あるいは2日の夜）に見る夢が初夢とされ、人々はそれで1年の吉凶を占っていた。

　いい夢を見るようにと宝船の絵を枕の下に入れて眠る習慣が中世の頃から、将軍から庶民に至るまで幅広い層に広まったのはそのためだ。

　こうした絵は江戸時代初期には大晦日に売られていたが、天明の頃から1月2日の晩に「お宝、お宝」と叫びながら、道中双六などと一緒に売り歩くようになった。

　宝船の図柄にもいろいろなものがあり、船の舳先には竜の頭、帆柱の上には宝珠が配され、帆には「宝」という文字が大書され、図の上には「長き世

の遠の眠りの皆めざめ波のり舟の音のよきかな」という廻文の歌が書かれているというもの。船に乗っているのは七福神で、空には鶴、海には亀が描かれていて、とにかく縁がいい。

　また、初夢で見ると吉兆だとされているものが、「一富士二鷹三なすび」。どうしてこの3つが、縁起がいいと考えられたのかについては諸説あるが、江戸幕府の初代将軍・徳川家康に由来するという説が多い。

　家康が隠居したのちに居城としていた駿府城があった駿河国（現在の静岡県中部）の名物である日本一の富士山、富士山麓に棲んでいる優秀な鷹、駿河国名のなすびを並べたという説がある。それ以外にも富士は「不死」、鷹は「高い」、なすびは「成す」に通じるから縁起がいいとする説などがある。

　もし悪い夢を見てしまったら、人々は翌朝、宝船の絵を川に流した。幕末頃には夢の吉凶にかかわらず、土に埋めてしまうようになったという。

ハッピーな夢を見て、いい1年にしたい！

初夢

1年の運勢を占う初夢。できるだけいい夢を見るために、宝船の絵を大晦日や年明けに買うのが江戸庶民の習慣だった。

七福神宝船の絵
宝船に七福神が描かれた、見るからに縁起のよさそうな図。大晦日に売られていた。

枕の下に絵を入れる
宝船の絵を枕の下に入れて眠れば、吉運のある初夢が見られると信じられていた。この習慣は、室町時代からあったという。

鷹

なすび　富士

一富士二鷹三なすび
初夢の中でも、最も縁起がよいとされるものを順にならべたもの。この3つは徳川家康が隠居した駿河国の名物で、初夢に見れば天下を取った家康にあやかれるという説がある。

川に流す風習
悪い夢を見た場合、宝船の絵は川に流すという風習があった。宝船の絵を川に流すことが、縁起直しになると信じられていた。

正月は芸人たちが家々を回ってショーを披露した

該当する人々 ▷	町人	農民	武家	皇家	その他

該当する時代 ▷	江戸前期	江戸中期	江戸後期

江戸のお正月を彩る門付け芸人たち

正月になると、江戸にはさまざまな芸をする人たちがやってきて、大いに賑わっていたのだ。それらの人たちは家の門の前で芸をするので「門付け芸」と呼ばれていた。

代表的な門付け芸には、獅子舞、万歳、太神楽、大黒舞、鳥追などがある。

太神楽は、獅子舞をはじめとする神社を祭る「舞」が傘回しなどの「曲（曲芸）」と結びつき、大道芸になったもので、笛吹き太鼓を打ち鳴らして家々を回った。

獅子舞は、新調した衣類に手ぬぐい、黒足袋といった服装で、依頼のあった家へ赴いて舞を披露した。獅子舞は、現代でもわずかに下町などで受けつがれている。

万歳は話芸と呼ばれる芸能のひとつで、起源は朝廷で大工が仕事始めに唱えた「千秋万歳」だといわれている。

万歳は、麻の素襖に烏帽子姿の太夫と着物に半袴姿の才蔵が2人一組で家々を訪れ、才蔵が打つ鼓に合わせてお祝いの言葉を述べたりこっけいなかけ合いをしたりして、家の繁栄と長寿を祝った。

万歳には三河万歳、大和万歳、尾張万歳などがあり、それぞれ地方ごとに特色があったが、江戸では「万歳」といえば、三河万歳のことを指した。三河万歳は江戸城や大名屋敷の座敷に上がって舞うことも許されていたが、これは徳川家康が三河の出身だったからだと考えられている。

1月2日の朝にやってくるのが、鳥追だ。鳥追は女太夫とも呼ばれていて、老若2人組の女性が編笠、手甲、日和下駄に木綿の着物姿で三味線を弾きながら歌い歩いて金銭をもらった。

大黒舞は仮面姿の男が大黒天に扮し、祝いの詞を舞って金銭をもらうもの。物乞い同様だが江戸で生きていけたのだ。

大道芸①

芸人たちが正月を賑々しく盛り上げる

さまざまな芸人が家々を回るのが、江戸時代の正月の風物詩。縁起を担いだり、浄めの意味合いがあったりしたという。

中に2人が入って踊る

獅子舞
年頭に行うことで邪悪なものを払うとされる。獅子の面をつけ、笛や太鼓に合わせながら家々を回ってご祝儀を集めた。

才蔵

太夫

烏帽子

半袴

万歳
太夫と才蔵と呼ばれる2人の男たちが、正月に家々を訪れて鼓に合わせてめでたい歌を歌った。

15日以後は菅笠（すげがさ）

編笠

鳥追
三味線を弾きながら歌を歌って練り歩く大道芸人。元旦から15日までは編笠を被る、着物は木綿だけなど、独自の規則があった。

大道芸②

人が多く集まる所に出没した大道芸人たち

正月に限らず人が往来する市や神社などでは、多種多様な大道芸人たちがとっておきの芸を披露し、日銭を稼いでいた。

香具師（やし）

歯磨き粉や楊枝などの家庭用品を売る行商人。人寄せのために居合抜きや曲芸などを披露した。

手鎌（てがま）　総つき鎌（そうつきがま）　手毬（てまり）

綾織（あやおり）

手鎌や手毬などを空中に投げる曲芸師。悪天候の日以外は、人の往来がある場所に1年中現れたという。

鈴（すず）

鹿島の事触れ（かしまのことぶれ）

常陸国（現在の茨城県）の鹿島大明神のお告げとして、天災や人災を避けるお札を売っていた。いい加減なお告げをしてお金を集める者もいた。

わいわい天王、騒ぐがお好き

わいわい天王（てんのう）

黒羽織に袴をはいた出で立ちに、天狗のお面をつけた芸人。「わいわい天王、騒ぐがお好き」といいながら、お金をもらっていた。

大道芸③

一芸があれば生きることができた江戸社会

大衆娯楽が最盛期を迎えた江戸時代。江戸のみならず京都や大坂、名古屋といった都市部で芸人が生計を立てていた。

飴屋踊り

江戸時代の中頃から登場した、踊りながら飴を売る芸人。派手な衣装を身にまとって日傘をさしているのが特徴。女性の飴売りもいた。

猿回し

猿に芸を仕込んで往来で芸を披露する芸人。別名は猿曳(さるひき)。浅草の猿屋町に猿回し芸人を束ねる者がいた。

辻謡(つじうたい)

謡を歌ってわずかな恵みを受け、生計を立てていた浪人侍。むしろを敷いて深編笠を被っているのが特徴。

一人相撲

2人の力士が相撲を取り合う様子を一人で表現する芸人。褌姿で街を練り歩き、往来の多い場所で芸を見せた。

正月に初詣に出掛ける人は少数派だった

春の作法 その五

該当する人々	町人	農民	武家	皇家	その他

該当する時代	江戸前期	江戸中期	江戸後期

初詣のルーツは江戸時代の「恵方参り」

江戸時代になると、庶民の旅や寺社参詣の熱は一段と高まりを見せていたが、まだ当時は現代のような初詣という習慣はなかった。実は、現在行われているような初詣は、明治以後になって盛んになった風習で、東京などの都市部で行われていたものが、徐々に各地に広まっていったのである。江戸時代のお正月の過ごし方としては、家族で家にいて歳徳神をお迎えしておもてなしをするというのが一般的だった。

江戸や京都、大坂、名古屋などの都市部では歳徳神が来るのを待つのではなく、元日に自分の方からお参りに行くことが流行りはじめた。

それでも、都市部以外では、正月三が日が終わってから氏神様や旦那寺（その家の墓があるお寺）にお参りすることが一般的だった。

初詣が全国的に現在のスタイルに定着するにあたり、大きな役割を果たしたのが鉄道の発達だった。

川崎大師、成田山新勝寺、伊勢神宮、太宰府天満宮など各地の有名な寺社には参拝するのに便利なように、全て鉄道が敷かれている。こうして多くの人が初詣に出かけるようになったのだ。

元旦に行くことが多い初詣だが、この日の早朝に一家の主人は必ずすることがあった。衣服を改め向かった先は自分の家にある井戸である。江戸時代、井戸はなくてはならないライフラインだった。新年のスタートは、新しい水を汲むことから始まり、その水を若水といった。一家の主人は、汲んだ水を神仏に捧げると、今年一年の安寧を願ったのだ。

そのほかに、この若水を使ったお茶を飲む風習もあった。黒豆や結び昆布、小梅、山椒などの縁起物や調味料を入れた大福茶である。また、それ以外にも若水を使った雑煮を食べるという風習もあった。

初詣

遠くへは行かない！ 江戸時代の初詣事情

元日はゆっくり家で過ごすことが多かった江戸庶民。神社
や寺などへ参拝に出かける人はあまり多くなかった。

初詣

江戸中期に入り、江戸や京都、大坂、名古屋などの都市部で流行り始めた初詣。
江戸っ子たちは大人もも子ども衣装をばっちり決めて出掛けた。交通手段は
基本的には徒歩だったので、あまり遠くの寺社にお参りに行くことはなかった。

寝正月

歳徳神をお迎えするにあたり、大晦日の夜
は寝ない人も多かった。そのため元旦は寝
て過ごすという人も少なくなかった。

鉄道の発達

正月は寺社に初詣に行くというスタイルは、鉄道
が敷かれた明治以降に普及した。恵方参りの場
合、鉄道会社によっては参拝客の運賃が見込め
ない年がでてきてしまうため、方角が限定される
恵方の慣習はこの頃から廃れていった。

七草入りの水に浸して爪を切れば、風邪をひかないと信じられた

春の作法
その六

該当する人々	町人	農民	武家	皇家	その他

該当する時代	江戸前期	江戸中期	江戸後期

「人日の節句」には江戸城でも七草粥

　せり、なずな、ごぎょう、はこべら、ほとけのざ、すずな、すずしろの7種類の植物を使った七草粥。この七草をお粥にして食べるようになったのは室町時代からだといわれている。

　七草粥を食べるのは1月7日の「人日」の節句。現代ではあまりなじみがないが、江戸時代には、人日の節句、上巳の節句（3月3日）、端午の節句（5月5日）、七夕の節句（7月7日）、重陽の節句（9月9日）の「五節句」があって、江戸幕府によって公的な「式日（祝日）」として定められていた。古代中国では、正月の1日が鶏、2日が犬、3日が猪（豚）、4日が羊、5日が牛、6日が馬として、それぞれの吉凶を占う日で、その日に当たる動物は殺してはならないという習わしだった。

　そして、1月7日である。この「人の日」には罪人を処刑しないとともに、7種類の野菜を入れた羹を食べる習慣があったという。

　これが日本に伝わり、春に若菜を摘む野遊びの風習と合わさって、生命力にあふれる若い葉を入れたお粥を食べ、邪気を払って無病息災を願う節句になっていった。

　人日の節句の日、江戸城では将軍以下、武家全員が長裃を着用してあらたまり、神妙な顔つきで、前夜からお囃子つきで恵方に向かってついておいた七草を入れたお粥を食べ、無病息災を祈った。

　人日の節句が終わると、江戸の松の内も幕を下ろし、11日からは幕府も平常運転に戻る。この節句は、区切りの行事の日として、重要な意味を持っていたのだ。

　ちなみに、七草を浸した水に爪を浸してふやけたところで切ると、1年間風邪をひかないといわれた。人日の節句は年明け最初に爪切りをする日でもあったのだ。

春の七草

七草粥を食べれば病気にならない1年に!?

無病息災を願いながら食べる七草粥。現代まで続くこの慣習は、春の若菜が育つ旧暦ならではの行事だった。

七草

七草粥の調理

もともと、七草粥を食べる風習は武家にあったが、江戸時代になると庶民も食べるようになった。ちなみに、七草粥に入れるものは7つ揃っていなくてもよかった。

七草入りの水

爪切り

七草と水が入ったたらいに指先や足先を浸して、爪がやわらかくなったところで爪を切った。これをすれば1年間、風邪をひくことがないと信じられていた。

七草粥を食べる武家

七草粥を食べるのは公的な式日であったため、武家では、正装に身を包んで無病息災を祈りながら粥を食べた。

春の七草

すずな　すずしろ　せり

ほとけのざ　なずな　ごぎょう　はこべら

兜の前に餅を供えたのが
鏡餅の原型だった

該当する人々	▷	町人	農民	武家	皇家	その他

該当する時代	▷	江戸前期	江戸中期	江戸後期

 ## 鏡開きのルーツは
武家の「具足開き」

正月11日に武家で行われていたのが「具足開き」だ。のちの鏡開きのもとになった行事である。

具足開きとは、正月の間、床の間の具足（甲冑）に供えられていた具足餅（丸い餅を重ねたもの）を、11日に飾りを解いて下げ、その日の夜に雑煮などにして食べる行事のこと。もともとは「刃柄（二十日）を祝う」といって、正月20日に行われていた。これは三代将軍・家光の月命日が20日だったからである。その後、11日に変更されたといわれている。

ちなみに、女性が使う鏡にも丸い餅が供えられ、「鏡餅」と呼ばれていた。現在の「鏡開き」という言葉は、ここから来ている。

下げられた具足餅は、家臣たちに振る舞われたが、武家では餅を「切る」というと、切腹に通じて縁起が悪い。

そのため餅は切らずに手や木槌で叩き割って食べやすい大きさにしたため、「開く」という言葉が使われた。

また「開く」という言葉には、広がっていく、末広がりという意味もあることから、「具足開き」は一家の繁栄を願う行事でもあった。のみならず、具足餅を入れた雑煮は、家臣にも振る舞われたので、一族の団結を誓うという意味合いもあったのである。

当初は雑煮などにして食べていた具足餅だが、19世紀中頃の天保年間になると汁粉に入れるようになり、その習慣は現在まで続いている。

庶民は、正月4日に供えておいた餅を下げて汁粉にして食べていた。しかし時代が降るにつれて武家の風習を真似し、正月11日に鏡開きをするようになり、餅を開く時にも刃物を使わず、木槌を使うようになっていった。

一方、商家では11日に蔵を開く「蔵開き」が行われ、新しい大福帳（帳簿）を下ろす習慣があった。

鏡開き

神様の運気と力が宿った鏡餅を食す

神様が宿るとされる鏡餅は、食べてこそ意味があった。「切る」や「割る」は縁起が悪いので、「開く」と表現した。

鏡開き

餅は木槌で叩いて、食べやすい大きさにしていた。刃物を使って切ることは切腹を連想させるので、やってはならないことであった。割った餅は汁粉や雑煮、焼き餅やあられなどにして食べた。

木槌

餅

具足開き

鏡開きの原型は武家で行われていた具足開き。床の間に飾ってあった具足（甲冑）に餅を供え、正月11日の夜に雑煮にして食べていた。

大福帳

蔵開き

商人たちは蔵開きといって、この日に新しい大福帳（帳簿）を下ろしていた。現代では、蔵開きの日にセールを行う所もある。

一獲千金を狙えた富くじは、江戸っ子のドリームジャンボ宝くじ

該当する人々 ▷	町人	農民	武家	皇家	その他

該当する時代 ▷	江戸前期	江戸中期	江戸後期

 **当選すれば一獲千金！
江戸時代の宝くじ「富くじ」**

　江戸時代にも、現在のドリームジャンボのような宝くじがあった。それが「富くじ」である。

　箱に入れた木札を錐で突いて当たりくじを抽選することから、富くじは「富突」「突富」、あるいはただ単に「富」とも呼ばれていた。

　富くじの発祥は、16世紀後半の摂津国箕面の瀧安寺で、くじの当選者にお守りを授けた行事といわれ、元禄〜享保年間（1688〜1736年）には江戸でも盛んになり、そのギャンブル性の高さから、幾度も禁止されている。富札の番号は選んで買うことができたため、八卦や見た夢の内容・時間などによって番号を占う本も出版されていたほどだ。それでも、寺社の修復費用を集める目的に限っては富くじ興行が許可され、「御免富」と呼ばれ行われていた。

　当時、財政が逼迫していた幕府にとって、寺社への拝領金などの資金援助は大きな負担だった。多くの資金を集め、さらにギャンブルを寺社の境内に封じ込めることができる富くじは好都合だったことだろう。寺社側にしても、効率よく修復資金などを獲得できる富くじは、大きなメリットがあった。

　その後、寛政の改革の時代に一時的に廃止されたことはあったが、最盛期の文化〜天保年間（1804〜1844年）には、江戸だけで1カ月に30カ所以上で富くじ興行が行われた。中でも谷中感応寺、湯島天神、目黒不動尊は「江戸の三富」と呼ばれ、最も賑わいを見せていた。

　当時の三富の最高当選額は100両。長屋暮らしの庶民は1両小判すら手にしたことがなかったから、当選すれば一獲千金、まさに夢物語だったといえる。

　一方、裏では、御免富より安く庶民にとって手を出しやすい非公認の富くじである「影富」も横行していた。

富くじ

江戸っ子も億万長者になることを夢見ていた

番号札が書かれた富くじを箱に入れ、錐で突くという抽選方法で人気を博した。ただ、値段は現在よりも高額だった。

当たりくじ　　錐

富くじの購入者

富くじ
富くじは1枚1分から2朱で売られており、現代の貨幣に換算すると1〜3万円と高額だった。なお、抽選は江戸内にあるさまざまな神社で行われていた。

富くじ

富札屋
富くじは富札屋と呼ばれる販売所で購入できた。富くじが立てて並べられており、購入者が好きなものを選べた。

影富

影富
富くじが買えない極貧層の間で始まった賭け事。富くじの当選番号を当てる賭博で、本当の富くじよりも安価で購入できた。

春の作法 その九

ハロウィンに似ている!?
初午（はつうま）に行われた稲荷社のお祭り

該当する人々	町人	農民	武家	皇家	その他

該当する時代	江戸前期	江戸中期	江戸後期

 年に一度、江戸の町が沸き立った「初午」

2月最初の午の日を「初午」といい、稲荷社では賑やかにお祭りが行われた。

初午が全国にある稲荷社のお祭りの日になったのは、稲荷社の総本山・京都の伏見稲荷に神が降臨した日が、和銅4年（711）2月11日の初午の日とされていたためである。

稲荷はもともと五穀豊穣や福徳を祈願する農業の神だった。「稲が生った」から稲荷と呼ばれる説もあるのだが、しだいに現世利益の商売の神として商人も祀るようになっていった。そして江戸時代、稲荷信仰は最も盛んな信仰となり、大小の稲荷社が数千以上も置かれるようになった。「江戸に多いのは伊勢屋稲荷に犬の糞」といわれ、町中のあちこちで目にすることができたほどである。

江戸の稲荷社では王子稲荷が最も有名で、初午の日には凧市が立った。凧は「風を切る」ことから、飾っておくと火事除けになると考えられ、火事が多かった江戸では縁起物だった。

稲荷社は大名屋敷や旗本屋敷、商家はもちろん、長屋の共同空間にも屋敷神（家の守り神）として祀られていたため、初午の日のお祭りは、町中が沸き立つような賑わいを見せた。中でも子どもたちにとって初午は、1年で最も楽しみなお祭りである。

初午の日になると、子どもたちは太鼓を打ち鳴らし、「おかんけん」といいながら家々を回り、勧化（かんけ・賽銭や寄付）をもらったりした。稲荷明神を祀っていた大名屋敷では、初午の日に子どもたちを屋敷に入れて遊ばせることもあったという。

ちなみに稲荷といえばキツネだが、当時、江戸には多くのキツネが生息していた。キツネは稲荷明神の使い（眷属）として崇められていたので、春の初めにキツネに油揚げや団子を供える風習があったといわれる。

初午

江戸っ子はとにかくお祭りが大好き！

正月を終えても、お祭り気分がおさまることがないのが江戸っ子。初午の日は、稲荷神社で大きな祭りが催された。

初午
多くの人で賑わいをみせたのが王子稲荷、妻恋稲荷、烏森稲荷などだった。芸人による演芸や屋台などが出店していた。

手遊び太鼓

大太鼓
客寄せの太鼓で売り物ではない。

初午の太鼓売り
稲荷祭りでは太鼓売りが登場し、子どもたちに太鼓を売って歩いた。これは「初午太鼓」や「手遊び太鼓」と呼ばれ、正月遊びに飽きた子どもたちの恰好のおもちゃだった。

おかんけん

おかんけん
太鼓を手にした子どもたちは、「おかんけん」といいながら家々を回って、大人たちからお賽銭をもらった。まるで現代のハロウィンのようである。

江戸キッズの入学シーズンは2月だった

春の作法
その十

| 該当する 人々 ▷ | 町人 | 農民 | 武家 | 皇家 | その他 |

| 該当する 時代 ▷ | 江戸前期 | 江戸中期 | 江戸後期 |

 ◆ 6歳から寺子屋で
読み・書き・算盤を習う

　江戸時代には、よほど貧しい家でない限り、一般の家庭では子どもが6歳になると、2月から寺子屋に通わせて「読み・書き・算盤」を習わせるのが常だった。寺子屋は町内に数軒あり、それぞれ50人くらいの子どもを集めて教えていた。時間帯は朝五つ（午前8時頃）から昼八つ（午後2時頃）まで。昼ご飯は一度家に帰って食べる。毎月1、15、25日と節句、お盆、年末年始が休みだった。

　寺子屋には年齢の違う子どもたちが一緒に集まっていることもあり、各自が行っている学習はまちまち。学習は読み書きを基本にして、最初は「いろは」の読み書きから始め、慣れてくると「往来物（手紙の形式で実生活に必要な知識を解説したもの）」を読ませていたという。

　往来物は種類が多く、農民の子には農作物の栽培法、商人の子には算盤や大福帳の書き方、漁師の子には漁法、女の子には裁縫など、頼めばあらゆることを教えてくれる個別学習形式になっていた。

　寺子屋という名の通り、当初は寺の僧侶が子どもたちに読み書きを教えていたが、江戸では近隣の教養人が頼れて教えることが慣例。農村部では豪農や僧侶、神主、都市部では浪人、商家の隠居、医師などが勉強を教えることが多く、女性の師匠も多くいた。それぞれ寺子屋だけで生計を立てている人は少なく、多くは副業かボランティアだったという。

　子どもたちには2月の初午にはお赤飯と煮しめ、花見の季節でもある3月には桜餅、端午の節句がある5月には柏餅がふるまわれ、年末の12月には煤払いと教室の掃除、習字で使用した硯を洗い終わると甘酒が出されたりと、子どもたちにとって楽しいイベントも行われていた。

寺子屋①

江戸の文化を下支えしていた独自の学校制度

6歳になった子どもたちは、寺子屋と呼ばれる私塾に通った。
最盛期には、江戸だけでも400〜500軒ほどあった。

寺子屋

娯楽本の流通や貨幣経済の発達など、江戸時代に入ると「読み・書き・算盤」は常識となり、寺子屋の数が急増。ひとつの寺子屋で、だいたい数十人の子どもが授業を受けていた。

よろしくお願いします

入門

寺子屋に入門するのは、子どもが6歳を迎えた初午の頃が一般的だった。入門してから4〜5年ほどかけて学問を習っていた。

そこに立っていなさい

おしおき

授業中に騒いだりいたずらをしたりすると、先生からの罰が待っていた。教室の隅に立たされ、悪さができないように水を満たした茶碗と長い線香を持たされたりした。

寺子屋②

一般常識だけでなく専門知識も教えていた

子どもたちにとって往来物は教科書のようなものだった。手紙形式の書物には、今後必要となる専門知識が詰まっていた。

商人

商人の子どもには、算数の解説や算盤の使い方が書かれた往来物を読ませた。

農民

稲や野菜といった作物の栽培は農民にとって必要不可欠。育て方の注意点やコツなどが書かれていた。

漁師

漁師の子どもには、魚の名前や絵が書かれた図鑑や、漁の仕方が書かれていた往来物を読ませた。

女子

女性の仕事だった裁縫は、江戸時代の女子には必須の教養。裁縫だけでなく、礼儀作法に関する往来物もあった。

38

寺子屋③

厳しいルールはなく自由度が高かった

寺子屋は現代でいうところの小学校のようなもの。とはいえ、義務教育ではなく、先生も無資格で運営していた。

登校

朝の8時には授業が開始。ただし時間割のようなものはなく、家の手伝いなどで途中で帰ることは許された。

いただきます

昼食

午前の授業が終わると、子どもたちは家に帰って食事をとった。弁当を持参して寺子屋で食事する者もいた。

ただいま
帰りました

下校

午後2時には下校し、子どもたちは自宅へ帰った。ちなみに、男子は12〜13歳、女子は13〜14歳までに卒業したという。

豪商　　僧侶　　神主　　浪人

師匠

寺子屋の先生は「師匠」と呼ばれており、無免許ゆえに学と志があれば誰でもなれた。豪商、僧侶、神主、浪人などは寺子屋の師匠になることが多かったという。

神社は町の美術館！
江戸の絵馬は巨大だった

該当する人々	町人	農民	武家	皇家	その他

該当する時代	江戸前期	江戸中期	江戸後期

神仏への願い事を書いて奉納する絵馬が大流行

病気快癒や商売繁盛、家内安全など、願い事を書いて成就を願い、神社に納める絵馬。その由来は古代、神が乗る馬を神社に奉納し、神馬として神社で飼ったことによる。

平安時代になると生きている馬の代わりに板に馬の絵を描いて奉納するようになる。特に神々しい白い馬の絵が好まれたという。

最初は板に馬の絵が描かれているだけだったが、やがて絵描きや裕福な者たちが縁起物や歴史的な構図を描いて奉納するようになり、馬とは関係のない絵柄の巨大な板額も奉納されるようになる。そのため、馬が描かれていないものも現在まで「絵馬」と呼ばれているのだ。

江戸時代、庶民の間では誓いや願いを描いた小型の絵馬を、祈願するしるしとして神社に奉納することが流行した。さらには行商する者も現れたことで、絵馬は次第に祈願のために奉納するものとなっていったのである。

そのため、絵馬の絵柄はますます多様になっていく。たとえば猿の絵柄は庚申信仰、鶏は荒神信仰、富士山は浅間信仰、菅原道真は天神信仰などである。

2月の初午の日が近づくと、稲荷神社には、稲荷明神の使いとされたキツネの絵を描いた絵馬が数多く奉納された。

のちには、男女の縁切りを願うなら男女が背を向け合った絵柄、断酒を願うなら酒徳利にカギをかけた絵などが描かれるようになった。その絵馬を神社の木の枝やお堂の格子にかけて奉納し、祈願をしたのである。

江戸時代の人々は、往来にある辻堂の格子にまで絵馬を下げてさまざまな願い事をした。江戸の庶民にとって絵馬は、神仏に願い事をするお決まりの方法だったのである。

奉納が始まったのは江戸時代から

絵馬

江戸時代に流行したのが神社ではおなじみの絵馬。稲荷神社のお祭りが開かれる初午は、特に奉納する者が多かった。

絵馬
絵馬というと小さいイメージがあるが、江戸時代の絵馬は大きい板に極彩色で描かれ、社殿に飾られていることもあった。また、神社だけでなく寺院にも飾られていた。

絵馬売り
現在のような小さな絵馬もあり、絵馬売りが売って歩いていた。

行事FILE

願い事を書くのは
江戸時代から

「商売繁盛」や「家内安全」といった願い事を絵馬に書く風習は、江戸時代からあったとされる。より一般的になったのは明治時代からだという。

春の作法 その十二

紙製の立っていたひな人形は、どんどんゴージャスに！

該当する人々 ▷	町人	農民	武家	皇家	その他

該当する時代 ▷	江戸前期	江戸中期	江戸後期

✿ ひな人形が豪華・大型化 盛大だった江戸のひな祭り

ひな祭りはもともと上巳の節句といい、3月最初の「巳の日」に人形を川に流してけがれを払う行事と、貴族の女子が行っていた「ひいな（人形）遊び」が合わさって、現在のような形になったと考えられている。

上巳の節句が中国から日本に伝わったばかりの頃は、中国と同じように水で口や手足を浄め、紙の人形にけがれを移して海や川に流していた。この風習は「流しびな」といい、現在でも行われている地方もある。

ひな飾りは、「ひいな遊び」の道具が進化したもので、宮中の宴の様子を模したものだ。ひな人形の衣装が内裏風（貴族風）になっているのは、そのためである。

流すためではなく、鑑賞するためのひな人形が作られるようになったのは室町時代のこと。この頃のひな人形は立ち姿だったが、現在のように座った人形が作られるようになったのは、江戸時代の寛永年間（1624〜1644年）のことである。

その後、ひな壇に多くの道具や人形を飾る段飾りが生まれ、金襴や錦で作った衣装を着せた人形も作られるようになるなど、ひな人形はだんだんと絢爛豪華なものになり、大型化していった。

天保年間（1830〜1844年）になると、日本橋にひな飾りを売る市が立ち、通りには仮設のひな人形屋が建ち並ぶほど盛大なものになっていく。ひな人形があまりに豪華になったことを受け、幕府は禁止令を出したが、大きな効果はなかったという。

江戸城では、上巳の節句の前日になると、御三家から贈り物が届けられ、諸大名も長袴姿で出仕、将軍と二の丸の世継ぎに挨拶した。のちの時代には将軍から御台所（奥方）や姫君などにひな人形が贈られたという。

ひな祭り①

江戸の庶民たちに広がった女児のためのお祭り

もともとは貴族や武家の儀式だった桃の節句。江戸時代になると、女児の成長を祝うための行事になった。

雪洞（ぼんぼり）　屏風（びょうぶ）

菱餅

ひな壇

旧暦3月の1日から3日までが上巳の節句。いわゆるひな祭りの日である。江戸時代も女子がいる家庭ではお祝いをし、室内にはひな壇が飾られた。最初は紙製のひな人形が飾られているだけであったが、だんだんと豪華なものに変わっていった。

紙製で立っていた

紙びな

紙製で男女一対になっているひな人形。形代（かたしろ）というお祓いで使った道具がもとになっている。

流しびな

ケガレを紙びなに移し、水に流して浄める行事。ひな祭りのもとになったとされる。

庶民に広がったことで大きな商圏が形成

商売としても大きな盛り上がりをみせたひな祭り。江戸の町は、ひな飾りを求める人々であふれ返った。

豊島屋（としまや）

酒屋・豊島屋では、白酒を買い求める客で大いに賑わった。遠方から訪れ、前日から並んでいた者もいたという。豊島屋の白酒は、徳川家康（または秀忠）もお気に召したとされる。

白酒売りの行商人

白酒が人気となり庶民に定着するようになると、白酒を売り歩く行商人も現れた。

菱餅

現在の菱餅は、桃色・白色・緑という三色使いが一般的だが、江戸時代のものは白・青・白の二色使いだった。

ひな祭り③

豪華絢爛なひな道具が続々と登場！

ひな人形を引き立てるひな道具の数々。江戸時代になると種類が増え、配置する場所などの作法も誕生した。

雪洞（ぼんぼり）

室内を照らすための灯り。ほんのりとした灯りだったので、この名前がついたとされる。

箪笥（たんす）

衣服や服飾用の小道具を納める収納家具。

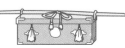

長持（ながもち）

前後2人で担ぐことができる大型の収納箱。

鋏箱（はさみばこ）

外出時に従者に持たせていた道具箱。

火鉢（ひばち）

鉢に燃やした炭を入れる暖房器具。

駕籠（かご）

人を乗せる屋形車。

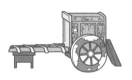

御所車（ごしょぐるま）

移動する際に使う牛が引く車。

重箱（じゅうばこ）

漆が塗られた食器。

行事FILE

ひな道具は嫁入り道具だった

ひな壇に人形と一緒に飾られるひな道具は、大名家の姫君の嫁入り道具を模している。職人たちが腕を競い合うことでどんどん豪華なものになり、やがてひな道具自体が本物の嫁入り道具になっていった。ひな壇を持って嫁いだ者は、見るたびに実家の親を思い出したことだろう。

コスプレをして参加する者も！
江戸っ子が愛した花見イベント

該当する人々 ▷	町人	農民	武家	皇家	その他

該当する時代 ▷	江戸前期	江戸中期	江戸後期

 上野の花見は暮六つまで
寛永寺では夜桜禁止

　現在でこそ、花見といえば桜を思い浮かべるのが一般的だが、江戸時代の初期は桜より梅のほうが人気があった。現在、梅の花は300種類以上もあるが、ほとんどの品種が江戸時代に作られ、改良されたものだという。

　当時、梅の名所として知られたのが亀戸の梅屋敷（江東区）や、湯島天神（文京区）、そして新梅屋敷といわれた向島百花園（墨田区）である。特に亀戸の梅屋敷は、四季折々に咲く花の名所を掲載した『江戸名所花暦』に「臥龍梅」という名木があると記され人気が高かった。臥龍とは龍が寝ている状態をいい、花が散ったあとの梅の風情も、その見事な枝ぶりが龍のようで楽しめたと伝えられる。

　一方の桜は、「江戸三大桜」といわれた白山神社（文京区）の旗桜、金王八幡宮（渋谷区）の金王桜、円照寺（新宿区）の右衛門桜や、富岡八幡宮（江東区）の歌仙桜など、御神木や由来のある銘木が行楽の目的となっていた。この頃の花見は、何本も咲きそろった桜を鑑賞するのではなく、1本の桜をじっくり鑑賞するスタイルだったのだ。

　現在のような満開の桜の下で酒宴が賑々しく開かれるようになったのは、享保年間（1716〜1736年）のこと。仕事仲間や長屋の人々と花の名所で酒に酔い、歌や踊りで盛り上がって日頃の憂さを晴らした。

　当時の代表的な桜の名所は、上野の山（台東区）、飛鳥山（北区）、御殿山（品川区）、隅田堤（台東区・墨田区）である。いずれも、今も桜の名所として人気だが、特に上野は三代将軍・徳川家光が奈良の吉野山を模して寛永寺に桜を植樹したこともあり、ほかの地域より早い時期から人気を博した。とはいえ、寛永寺は徳川家の菩提寺であることから、寺領内での夜桜見物、どんちゃん騒ぎは禁じられていた。

花見①

花を見ながら酒を飲む庶民の文化が爆誕

もともと貴族や武家の行事だった花見。江戸時代になると庶民にも広がり、仲間たちと花を見ながら酒宴を開いた。

裕福な人々の花見

裕福な者たちは、取った場所に屏風や幕、着物で囲って、その中で酒宴を開いた。酒宴には芸人などを呼び、一流店に作らせた料理を重箱に詰めて運び込ませた。

着物

目鬘売り

重箱

目鬘売り

目鬘

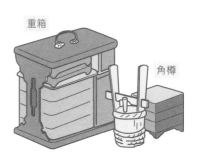

重箱

角樽

目鬘（めかつら）売り

花見客を相手に目鬘と呼ばれる変装グッズが売っていた。それを買って変装して酒宴を開く者もいた。

重箱は料理、角樽は酒を入れるための容器で、どちらもハレの日に使うもの。裕福な者が花見の席に用いていた。

桜の植樹は幕府の政策だった

江戸中期になると、桜の名所が幕府の政策で作られた。飛鳥山には1000本を超える桜が植えられたという。

飛鳥山の石碑
桜の名所のひとつである飛鳥山には石碑があり、名物になっていた。ちなみに、石碑には難解な漢文が書いてあり、読めない石碑としても有名だった。石碑は今でも見ることができる。

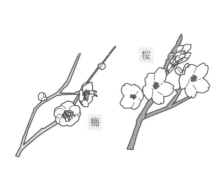

8代将軍の徳川吉宗が桜の植樹を促進したことで、桜の花見が一般庶民に広がった。それ以前は、花見といえば梅の花を指していた。

隅田川沿いの長命寺（墨田区）で売られている桜餅は、多くの花見客に喜ばれた。現在も同じ場所で売られている。

場所によっては厳しいルールも存在した

花見③

花見にも騒いでよい場所といけない場所があった。騒いでいい場所では、さまざまな座興が誕生した。

もう帰りなされ

寛永寺の花見

徳川家の菩提寺であった寛永寺では花見客の酒宴を開くのを厳禁するだけでなく、18時以降は出入り禁止など厳しいルールが敷かれていた。ちなみに寛永寺のあった場所は、現在でもトップクラスの桜の名所として知られる現在の上野公園に当たる。

花見客

日々の苦労を忘れて、酒を飲んで踊るのが江戸っ子による花見の作法。夕刻からは女郎のもとに行き、日帰りのつもりが泊まりがけになった者もいた。

かわらけ投げ

酒席の余興として流行ったのが、かわらけ投げ。素焼きの土器を投げる遊びだが、願掛けや厄除けとしての意味合いもあった。

春の作法 その十四

1尾30万円！　常軌を逸した 江戸っ子の初がつお愛

該当する 人々 ▷	町人	農民	武家	皇家	その他

該当する 時代 ▷	江戸前期	江戸中期	江戸後期

 幕府のおふれが出ても 初物争奪戦は終わらない

　江戸時代には、「初物を食べると75日長生きする」と盛んにいわれた。初物とは、その食物のシーズンが到来して、市場に出回りはじめたばかりの収穫物や魚介類などを指す。その初物を食べると、新たな生命力を自分の身に得ることができると考えられていた。

　特に江戸っ子が夢中になって買い求めたのが、初がつおだ。かつおは下魚とされていたが、鎌倉時代以降、「勝男」と称されたことで武士が好んで食べるようになり、縁起物として珍重された。

　回遊魚のかつおが東京湾にやって来るのは4月頃で、旬は夏と秋である。しかし、せっかちな江戸の人々は伊豆で捕れたものを江戸に運び入れていた。そして、まず江戸城に献上された後、初がつおの奪い合いが始まる。

　初がつおは1尾が1〜3両。現在

の貨幣価値では10〜30万円ほどである。少しの辛抱でかつおの旬がきて、値段も下がるというのに、それでも人々は「女房を質に入れてでも」「仏壇を売ってでも」手に入れるべく、べらぼうな値段で初がつおを買い求めた。

　とはいえ、大店の主人などの金持ちならともかく、庶民には高嶺の花。少し価格が落ち着いてから、仲間と共同購入して分けて食べていた。そこまでして見栄を張ることが江戸っ子の美学であり、心意気だったのである。

　初がつおのほかにも、生しいたけ、なし、みかん、なすといった初物を食べることにもこだわりを見せたと伝えられる。初物食いは江戸時代のトレンドで、人々は誰かに「もう食べた」と自慢をしたいがためだけに、大枚をはたいていたのだ。

　初物への情熱が物価高騰を招いたと見なされ、貞享3年（1686）には「初物禁止令」が幕府から出されたのはご愛嬌である。

初がつお

優越感に浸るためにはお金を惜しまない！

高値であっても誰よりも早くかつおを食べるのが江戸っ子の誇り。毎年、春先になると争奪戦が繰り広げられた。

日本橋の初がつお

日本橋には魚河岸があり、この季節には盤台にかつおを載せて走る魚屋の姿があった。かつおの旬は夏と秋の2回あったが、江戸っ子は夏のかつおを好んで食べた。食べ方としては刺身にして、辛子味噌をつけるのが好まれていた。

歌舞伎役者

歌舞伎役者の三代目・歌右衛門はかつおを3両で購入したことで知られる。現在のお金で換算すると30万円ほどだが、自分の名前を広める広告費とすれば安い買い物だったのかもしれない。

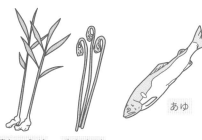

旬のもの

かつお以外にも、この季節の旬のものに葉しょうがや生わらび、あゆなどがあった。初がつおほど固執しなかったが、初物は江戸っ子にとって大金を払ってでも食べたいものだった。

寺社への参拝を名目に、遊びに行くのが江戸の流儀

該当する人々 ▷	町人	農民	武家	皇家	その他	該当する時代 ▷	江戸前期	江戸中期	江戸後期

 ## 浅草奥山は江戸有数のワンダーランド

江戸の庶民は現代人より信心深く、寺社参拝が生活に根ざし、日常的に行われていた。特に、春はその年の最初の開帳があるため、大変な人出だった。開帳とは、普段は見ることができない秘仏を一般公開することをいう。

開帳には、秘仏や本尊を自分の寺社で公開する「居開帳」と、ほかの場所で行う「出開帳」があった。出開帳は日本中で行われたが、やはり人口密度の高い江戸での開帳が多かった。

特に、開帳が行われたのが、浅草寺、回向院、深川八幡である。これらは、周辺に大きな歓楽街を有し、賑わいを見せていた。中でも有数の観光地だったのが浅草だ。浅草寺の境内には茶屋が立ち並び、多くの参拝者で賑わった。とりわけ観音堂の北西側のエリアは、奥山と呼ばれ、当時の娯楽が集まった場所。浅草寺などの寺社へ行く

のは、信心ばかりではなく、奥山に代表される遊興地でのお楽しみも目的だった。

江戸時代、浅草観音の開帳は30回以上も行われたと記録にも残り、その日は参拝者も一段と増えた。奥山には、水茶屋や食べ物屋の屋台、房楊枝（歯ブラシのように柳の枝の先を裂いた道具）などを売る楊枝屋のほか、大道芸人などもいて盛り上がりを見せた。曲芸や軽演劇、手妻（マジック）、珍獣の登場など、興味をそそる見世物小屋の興行が行われることもあり、人々はこぞって押しかけてきた。

遊びに行くというのは隣近所の手前、語弊があるが、「参拝に行く」なら誰に遠慮することなく、堂々と出かけられた。江戸の人々は、参拝にかこつけて遊びに行き、その証拠にお守りやお札を買って帰っていたのだ。

また、寺社のある場所は眺望もよく、花や紅葉の名所でもあり、人気レジャーのひとつだった。

開帳

江戸っ子たちは寺社が好き!?

普段は見ることのできない秘仏が公開される開帳。興味本位や遊びのついでに、多くの江戸っ子が寺社に集まった。

開帳見物

開帳見物に出かける江戸っ子たち。当時の江戸の人口はおよそ100万人といわれるが、記録によると安永7年(1778)の回向院の出開帳には、60日間で163万人が訪れたという。

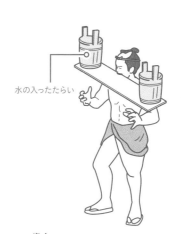

水の入ったたらい

物まねの猫八

開帳に合わせて、芸人たちによる興行も行われた。猫や鳥の鳴き声を真似する芸人を猫八といい、特に見物客の人気を博した。

歯力

歯の力が異常に強い芸人も開帳で人気を博した。両端に水で満たした手桶を載せた板をくわえ、群衆の前を練り歩いておひねりをもらった。

春の作法 その六

アワビを見つけて大はしゃぎ！
家族と総出の潮干狩り

該当する人々 ▷	町人	農民	武家	皇家	その他

該当する時代 ▷	江戸前期	江戸中期	江戸後期

 **江戸の二大レジャーは
花見と潮干狩り**

潮干狩りのルーツは江戸時代で、寛永年間（1624〜1644年）に完成したという『江戸名所図屏風』にも描かれている。

旧暦の3月末頃からは、潮の干満の差が大きい「大潮」。秋にも大潮はあるが、日中に引き潮となるのは春だけとあって、深川口から品川、高輪、佃という江戸前、大井や羽田あたりまで、アサリやハマグリ目当てに朝から家族総出で大集合。この時期に庶民はもちろん、武士も潮干狩りを楽しんだ。

現在の潮干狩りスタイルは長袖・五分丈パンツに長靴、帽子だが、当時は頭に手ぬぐい、素足で、男性はほとんど尻っ端折りやフンドシのみ、女性は裾よけごと着物をめくって帯に挟み込むというのが定番。貝をかき出す熊手を持ち、戦利品の貝を入れるカゴを手に、干潟や浅瀬で貝を拾った。

江戸時代の年中行事をまとめた『東都歳時記』によれば、早朝に舟に乗って沖に出て、卯の刻（午前6時）過ぎから潮が引き、午の刻（正午頃）になると海だった場所が陸地となる。そこから潮干狩りがスタート。1日がかりでアサリ、ハマグリ、マテ貝や潮吹貝、バカ貝（青柳）、サザエを探す。時にはアワビなどが見つかることもあったという。

『東都歳時記』にはさらに、砂から平目や小魚を得て宴会をしたとある。潮だまりで魚を採ったり、カニなどを捕まえたりすることもあったというから、採った魚や貝などをその場で調理し、家族や仲間と宴を催したのだろう。釣船や屋形船の上で酒盛りを行い、時には芸妓衆を船に乗せた旦那衆もいたようだ。

家に戻ってからは、自分たちで食べきれない分は近所へお裾分けし、ついでに「潮干狩りで楽しんだ」という自慢話に花を咲かせたという。

潮干狩り

大きく潮が引く春こそがベストシーズン

うららかな春の陽気に誘われて、江戸っ子たちが赴いたのは花見だけではない。海のレジャー・潮干狩りも人気があった

潮干狩り

海辺では庶民だけでなく、武士たちも潮干狩りを楽しんだ。また、裕福な者は釣り船や屋形船をチャーターし、取ったばかりの貝や魚を船頭に調理させて、その場で酒のつまみにして酒宴を開いていた。

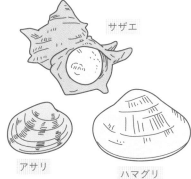

サザエ

アサリ　　ハマグリ

戦利品

潮干狩りでは、アサリやハマグリ、サザエなどが取れた。また、運のいい時はアワビが見つかることもあった。また、子どもたちは小さなカニを見つけて大はしゃぎしていたという。

熊手

貝を掘り出す際には、熊手を使った。夢中になりすぎて満ち潮になったことに気付かず、船頭にあやうく助けられた者もいたという。

大江戸行事

現代の春は4月頃だが、江戸時代の春は陰暦睦月（1月下旬頃）か

江戸	主なイベント

旧暦

睦月
春
旧暦1月

歳神様を迎える
大事な月

初荷
旧暦正月1日は休日だが、2日は商店の初売りのため、初荷を載せた大八車や、買い物客などで町は賑わった。

人日
旧暦1月7日の朝、春の七草入りの粥を食べ無病息災を願った。この日は、新年初の爪を切る日でもあった。

如月
春
旧暦2月

初午の稲荷祭で
開運・来福を祈願

稲荷祭
江戸には、商売繁盛祈願の稲荷神社が多く、旧暦2月最初の午の日に稲荷祭が行われた。王子稲荷では、火事除けとされた凧を売る市が立った。

寺子屋入学
6歳くらいで入学したが、試験はなく、初午の日に入学することが多かった。

弥生
春
旧暦3月

桃や桜など
花見の季節到来

上巳の節句
五節句のひとつで、桃の節句、雛祭りともいった。江戸時代には八段飾りなどの豪華な雛飾りが登場した。

花見
桜が咲き始めると、上野、隅田川堤、飛鳥山、御殿山など、花見の名所に人々がこぞって集まった。

カレンダー 春編

ら始まった。江戸と現代の行事を見比べてみよう。

現代	比較・考察
1月の成人式は 昭和時代から **1月** 冬 1月1日〜1月31日	現代の1月も新しい年を迎える意味では変わらない。大きな違いは、1月に行われる成人式。江戸時代も成人式はあったが、時期も年齢もバラバラだった。
節分の豆まきで 魔を滅する **2月** 冬 2月1日〜2月29日	現代の節分は、立春の前日（2月3日頃）、豆まきを行う行事として定着。江戸時代には庶民に普及し、豆まきもあったが、正月前に厄を払う年末行事と考えられていた。 
年度の区切りは 明治時代から **3月** 春 3月1日〜3月31日	年度末の3月は卒業式シーズンだが、江戸時代の寺子屋に卒業制度はなかった。約4〜5年通い読み書きの習得後は通学しなくなったが、学習内容はそれぞれ異なった。 

新暦

column ①

見れば身も心もポカポカする
色っぽいほうの「春」の小話

北斎や歌麿など有名どころも描いた春画

　枕絵ともいわれる春画は、江戸時代に版画技術の発展とともに最盛期を迎え、北斎や歌麿、国芳など、名だたる浮世絵師が隠号（別名）で描いていた。春画と聞くと好色な男性がこっそり見るというイメージだが、江戸時代には老若男女、貧富の差もなく、誰もが艶めかしい男女の営みの描かれた春画に触れていた。そのため来日した外国人は、女性や子どもが春画を見て、周囲がそのことをとがめたりしないことに大変驚いたという。しかも、春画や、春画をまとめた春本を父が娘、母が息子に買い与えるなど、今では考えられない光景も日常茶飯事だった。また、春画はエロチシズムを楽しむだけでなく、夫婦和合の手引書としても使用されていたという。

二章

夏 の 作 法

旧暦 ▷ 4月〜6月

新暦 ▷ 6月〜8月

旧暦の4月は立夏と呼ばれ、暦の上では夏の訪れとなる。エアコンや扇風機といった便利なものがない時代に、江戸っ子たちはどのように暑い夏を過ごしていたのだろうか。江戸っ子たちのサマーイベントを詳しく紹介する。

江戸時代の「衣替え」とは 服の厚みを変えることだった

該当する人々 ▷	町人	農民	武家	皇家	その他

該当する時代 ▷	江戸前期	江戸中期	江戸後期

 女子が習得すべきは「裁縫」だった！

衣替えの起源は中国の宮廷にあり、日本に伝わったのは平安時代頃。江戸時代にはそれが定着し、旧暦の９月９日〜３月末日までが綿入れ（表地と裏地の間に綿が入った着物）、４月１日〜５月４日と９月１日〜８日までが袷（裏地のある着物）、５月５日〜８月末日までが単衣（裏地のない１枚布の着物）と決まっていた。足袋も、９月１日〜３月末日までの着用だった。

現代では、和服の場合は衣替えの風習が色濃く残る。10月１日〜５月末日までが袷、６月中と９月中は単衣、７月〜８月末日は薄物（浴衣も）とおよそ決まっており、それを重要視する一部の着物愛好家もいる。

江戸時代、布は高価だったため、衣服は大切に扱われた。庶民は布が擦り切れるまで着たので、衣替えといっても現在のように夏用の服と冬用の服を入れ替えることではない。単衣の着物に裏地を付けて袷にし、さらに綿などを入れることで綿入れに作り変えていたのだ。

衣替えで衣服の作り変えとともに、補修やサイズ直しも行っていた。これらの針仕事は、主に女性が担っており、江戸時代の花嫁修業として縫い物の技術の習得は欠かせないものだった。

では、単身世帯の男性はどうしたのだろうか。器用な者は自分で作り変えたが、できない者は知り合いの女性にやってもらうこともあった。また、お金を出せば、洗濯や洗い張り、縫い物などを仕事として頼むこともできた。

ちなみに着物は、庶民にとっては古着の一択。新品の着物を誂えることなど、上級武士や豪商でなければ考えられないことだった。古着のリサイクルは、古着屋・仲買・質屋などの業者が関わる商売になっており、無駄なく供給と需要が満たされるようシステム化されていた。

衣替え

冬服の綿を外す作業で大忙し！

江戸の庶民が気温の上昇とともに行った行事が衣替え。当時、服はとても貴重なものだったので丁寧に扱っていた。

戸板

洗張り専門の板が普及するのは明治以降といわれている。

布

物干し竿

衣替えは女性の仕事

布はとても高価なものだったので、服は一着だけしか持っていないという者もいた。夏の衣替えの時期に、綿を外したり洗ったり、傷んでいる所があれば補修をした。江戸時代においてこの作業は家庭内では女性がするものと決まっていたという。

服の仕立て直し

独り身の男性は、布の洗濯や仕立て直しを女性にお願いしていた。江戸時代には、こうした仕事を請け負う女性が数多くいた。

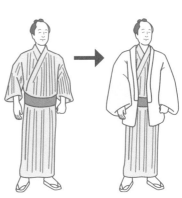

夏服

庶民の服の素材は、基本的には木綿であった。

冬服

冬は何枚かの服を重ね着するか、服に綿を入れて寒さをしのいだ。たいていは夏服か、古着を仕立て直したものだった。

61

端午の節句の鯉幟は、
1本の竿に1匹しかいなかった

該当する人々 ▷	町人	農民	武家	皇室	その他

該当する時代 ▷	江戸前期	江戸中期	江戸後期

 **はためく錦鯉や鍾馗の幟で
将軍の嫡子誕生を祝った**

端午の節句とは、五節句のひとつで「菖蒲の節句」とも呼ばれる。旧暦で午の月に当たる5月、初めての午の日を節句としたものだが、やがて5月5日に行われるようになった。奈良・平安時代は、もともと菖蒲やよもぎが魔を祓うとされていたことから、健康を願って軒に差したり、菖蒲の葉のくす玉を吊したりした。やがて、武士の台頭する鎌倉時代になると、菖蒲を「尚武（武を重んじること）」と見立て、武家の行事として定着。庶民の間でも菖蒲湯や菖蒲酒などが一般化していった。

江戸時代も端午の節句が重要な行事という位置づけは変わらず、幕府の「式日」に制定。大名や旗本などは、ちまきを献上して将軍にお祝いを述べるため、式服の帷子紋付に長袴姿で江戸城に出仕した。折しも5月5日は夏服への衣替えの日。武士たちは「帷子」とい

う夏用の単衣の装束で登城したのだ。

男子の節句となったのは、江戸時代以降。将軍家のお世継ぎの誕生を祝って、幟がいくつも上がり、作り物の兜や薙刀などもたくさん立てられた。こうした武家の風習を取り入れ、庶民の間でも端午の節句は男児の健やかな成長を祝う日として広まっていく。

5月5日には、戦国時代から江戸初期、勇壮な流鏑馬が催されていた。そういう武家社会の中、子どもたちも菖蒲太刀といわれた木刀を腰に差し、印地打（石を投げ合う戦いごっこ）という荒っぽい遊びをしていた。この遊びが危険視され禁止された後、菖蒲の葉を編み束にしたもので地面を叩き、どちらが大きな音を出すか競争する「菖蒲打」という遊びが広まっていく。

現代の端午の節句でおなじみの鯉幟は、江戸時代の中期から見られた。しかし、1本の竿に何匹か鯉幟がはためく姿が見られるのは明治以降。当時は、1本の竿に1匹だけだった。

端午の節句

男児の成長を祝う日

もともとは魔除けの儀式が行われた端午の節句。貴族から武士へと伝わり、江戸中期になって庶民に広まった。

鯉幟

1本の竿に何匹もの鯉幟がついているのは、明治以降になってからのこと。江戸時代では、大きな鯉幟が1匹だけか、もしくは家紋の入った幟を立てるのが一般的であった。

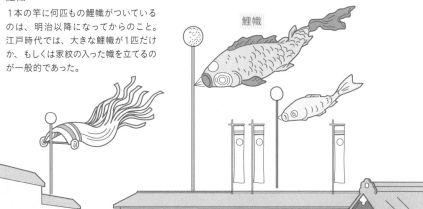

鯉幟

菖蒲湯

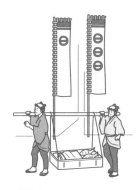

菖蒲

菖蒲は強い香りを発するため、毒気を祓うと信じられていた。風呂に入れたり酒に入れて飲んだり、屋根に挿したりすることもあった。

出世魚

端午の節句には、出世魚のブリのほか、「勝男」にかけて縁起物とされたかつおが食べられた。行商人が江戸の町で売り歩いていた。

人形飾り

江戸の初期は紙製の飾りだったが、江戸末期になると職人が精巧さを競い合って豪華なものになった。

<table>
<tr><td>夏の作法
その三</td><td colspan="2"># 江戸時代の屋形船は、
家一軒ほどの大きさがあった</td></tr>
</table>

該当する人々 ▷	町人	農民	武家	皇家	その他	該当する時代 ▷	江戸前期	江戸中期	江戸後期

きらびやかな大型船や屋根船、猪牙舟が往来

慶長年間（1596〜1615年）以降、江戸の街の発展に伴って、舟遊びも広く行われるようになる。季節に合わせ、船上から花見や夕涼み、月見、雪見を楽しんだという。

その後、万治2年（1659）に両国橋がかかり、その周辺一帯が舟遊びのメッカになっていく。今も船宿や屋形船が存在するが、江戸時代の屋形船は現在のものより豪華でサイズも家一軒分ほどの巨船だった。特に万治〜寛文年間（1658〜1673年）頃は、巨大な屋形船が建造され、酒宴が賑々しく繰り広げられていた。

豪華な屋形船には、旗本や豪商、遊妓などが乗り、隅田川や浅草川などには、何隻もの舟が行き交った。舟を並べた舞台では踊りや楽器演奏が行われ、料理や酒の合間に見てそれを自分たちの船から楽しむこともあった。

当時「屋根船」と呼ばれたものが、現在の屋形船に相当する。当時の船代は、船頭1人乗りの場合で1人300文、船頭2人乗りの場合で400文くらいだった。一般市民は、この屋根船に乗り、川風に吹かれて納涼気分に浸ったのだろう。

船宿とは、宿泊施設ではなく、船の宿（停泊所）のことである。納涼船などを所有し、宴席や休憩などに提供していた。文化年間（1804〜1818年）の頃には、江戸に船宿が600軒もあったというのだから、江戸っ子が舟遊び好きだったのがよくわかる。

屋根船よりもさらに小さい猪牙舟は、小回りがきく船だ。時代劇でもおなじみの屋根のない小型の川船で、猪牙舟という名前の通り、舳先が猪の牙のように細長く尖った形をしている。乗船できるのは船頭1人に、お客も1人か2人で、お忍びで吉原や深川などに遊びに行く際など、便利に使われることが多かったという。

川開き

夏の涼を楽しむ一大イベント！

夏に行われる隅田川の納涼祭が「川開き」である。両岸には
人垣ができるほどの盛況ぶりで、川面も船で埋め尽くされた。

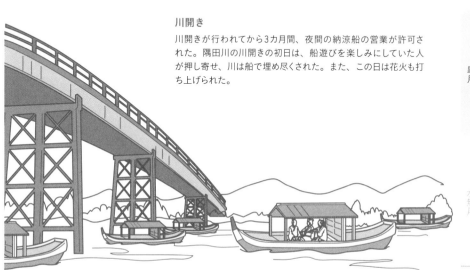

川開き

川開きが行われてから3カ月間、夜間の納涼船の営業が許可さ
れた。隅田川の川開きの初日は、船遊びを楽しみにしていた人
が押し寄せ、川は船で埋め尽くされた。また、この日は花火も打
ち上げられた。

屋形船

裕福な者たちは屋形船に乗って船遊びを楽
しんだ。中には船頭が18人、座敷が9部屋
という超大型の屋形船も登場した。

船頭

猪牙舟

当時の江戸は、水上交通が発達していた水
の都。小回りが利く猪牙舟は、タクシー代
わりに利用されていた。

卯月

皐月

水無月

65

高い建物がない江戸の町では
遠くからでも花火がよく見えた

夏の作法
その四

該当する人々	町人	農民	武家	皇家	その他

該当する時代	江戸前期	江戸中期	江戸後期

庶民は橋の上や川岸から花火を楽しむ

　隅田川花火大会は、日本で最も歴史ある花火大会といわれ、そのルーツは江戸時代にある。歌川広重の『名所江戸百景　両国花火』、歌川豊国『江戸自慢三十六興　両こく大花火』など、浮世絵の題材にも多く、特に広重は花火を描いた作品を多数残している。江戸時代、火事は最も恐ろしい災害だったため、町中で花火を上げることは禁止されていた。隅田川筋でのみ花火を上げることが許されていたのだ。

　旧暦の5月28日は大川（隅田川）の川開きで、この日から8月28日までの3カ月間は夜間も納涼船の営業が認められていた。享保10年（1725）頃から、川開き初日に大きい花火が打ち上げられ、一説には、これが花火大会の始まりとされている。

　また、享保17年（1732）に「享保の大飢饉」があった翌年には、8代将軍吉宗は、この飢饉や疫病という災厄を打ち払って死者を供養するため、水神祭を催し花火を打ち上げた。これを、花火大会の始まりとする説もある。

　舟遊びとは無縁の長屋住まいの一般庶民でも、川開きの時は橋の上から花火を見上げて楽しんだ。花火見物の人々にプラスして、それを当て込んだ屋台も多数立ち並び、川岸の茶店とども大盛況。中でも両国橋付近の賑わいは、抜きん出ていたと伝えられる。

　川開きのあと、年に3回ほど大花火が上げられた。とはいえ、江戸時代は毎年花火大会が開かれていたわけではない。江戸の風俗を解説した『守貞漫稿』に、「大花火なき夜は、遊客の需に応じて、金一分以上これを焚く」と記載されている。納涼船を所有する川岸に並んだ船宿と、両国の飲食店が集客を目的に費用を負担し、必要に応じて花火を上げていたからだ。

　また、経済力のある町人は、競い合うように花火を購入し、打ち上げていた。

花火大会

現在でもおなじみ、隅田川の花火大会

夏の風物詩といえば夜空に広がる大きな花火。江戸時代には、川開きの初日を知らせるビッグイベントだった。

花火を見る町人

花火
高層建築のなかった江戸の町では、かなり遠くからでも隅田川に打ち上げられた花火を見ることができたという。また、花火は玉屋と鍵屋という2つの花火屋が競い合っており、江戸庶民は花火が打ち上がるたびに「玉屋〜」「鍵屋〜」と声援を送った。

江戸商人
経済的に豊かな人たちは、競い合うように花火師に花火を注文。一緒に遊んでいた芸者を喜ばせるために花火を買った。

行事FILE

花火を嫌った芸妓たち

現在の台東区にあった花街・柳橋の芸妓衆は、隅田川の花火を嫌っていた。花火に人気を奪われてしまい、その日は商売にならなかったのだ。

土用の丑の日は、「う」のつく食べ物なら何でもよかった

該当する 人々 ▷	町人	農民	武家	皇家	その他

該当する 時代 ▷	江戸前期	江戸中期	江戸後期

土用干しに土用餅など夏の土用にまつわる風習

　土用とは雑節（二十四節気以外の季節を示す日本の暦）のひとつで、立春、立夏、立秋、立冬の前の18日間のことを指す。季節と季節の変わり目の混沌とした時期だ。一般的に「土用の丑の日」という場合、立秋前の18日間のうちで丑の日を指す。

　2021年の場合、7月28日が土用の丑の日に当たる。毎年、梅雨が明けて暑い盛り。衣類や布団などを陰干しして風を通し、虫がつかないように防ぐ「土用干し」や、暮れから半年過ぎ、そろそろまた大掃除でもしようかと「土用掃き」をするなど、暮らしに根づいた風習があった。

　現在に受け継がれている「土用の丑の日はうなぎ」という風習が、江戸中期の博物学者・平賀源内による広告戦略によるものだというのはよく聞く話。うなぎの旬は秋～冬で、夏になる

と売れなくなることが悩みのタネ。そこで、源内先生に相談すると、「本日、土用の丑の日」という看板を店先に出すよう助言され、実施したら大当たり。日本初のこのキャッチコピーにより、うなぎが夏場にも売れるようになった——が、この話に確かな裏付けはない。

　大正期の『明和誌』という随筆に、安永・天明年間（1772～1789年）の頃から暑中と寒中の土用の丑の日にうなぎを食べる風習が始まった、という記述がある。平賀源内が関わっていたか真偽のほどは定かではないが、この頃から「土用の丑の日はうなぎ」と、宣伝を行った結果、うなぎが大流行したことは間違いないだろう。

　また、もともと丑の日は「う」のつくものを食べるとよい日で、うなぎだけではなく、うどんや梅干し、瓜、牛、馬などが食べられてきたという。ほかに「土用餅」というものもある。これはあんころ餅のことで、食べると暑気あたりせずに過ごせるといわれた。

土用の丑

うなぎを食べて厳しい暑さを乗り切る

現在もうなぎを食べる風習がある土用の丑の日。その起源は平賀源内とする説があるが、確たる証拠はないという。

うなぎをさばく主人

江戸のうなぎ屋

「江戸前」というと、うなぎのことを指していたほど江戸ではうなぎがよく捕れた。うなぎ屋も200軒以上あったといわれている。

平賀源内

土用の丑の日にうなぎを食べることをすすめたのは博物学者の平賀源内という説がある。ただ、証拠となる文献は一切なく、根も葉もない噂話にすぎないというのが本当のところだそう。

虫干し

長い梅雨も明け、晴れの日が続いた土用の時期は、衣服を虫干しする絶好の機会。衣類だけでなく書物や食器、家具なども日当たりのよい場所に干していたという。土用干しともいった。

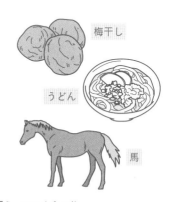

梅干し

うどん

馬

「う」のつく食べ物

土用の丑の日に、「う」のつく食べ物を食べると暑気あたりしないと考えられていた。

夏の作法 その六 — 江戸庶民の中で、富士登山が爆発的ブームだった

該当する人々 ▷	町人	農民	武家	皇家	その他

該当する時代 ▷	江戸前期	江戸中期	江戸後期

 高くそびえる富士山に
人々はこぞって登った

2013年に世界文化遺産となった霊峰富士。昔からこの山は畏敬の念を与え、信仰の対象ともされた。現在の東京の各所にも、「富士見町」「富士見坂」という場所が残り、かつては富士山が眺望できたことが推測される。高台に登れば眺められた富士山は、江戸の人々にとって身近な存在だったのだ。

そんな富士山を崇拝する人々によって組織された「富士講」が、宗教的な活動として集団での参拝登山を始めたのは、16世紀頃のこと。長谷川角行という修験者が開祖とされるが、一般にも広まったのは江戸時代後期、享保年間（1716〜1736年）頃である。

この頃、「霊峰富士」に登拝すれば身分や男女の差など関係なく、誰も皆救われると説いて幅広く信者を集めた伊藤伊兵衛が、富士山中で断食行を行い、そのまま即身仏となった。その遺志を

継いだ娘や門人によって各地で富士講が組織され、爆発的なブームを巻き起こしたのである。

当時、旧暦の6月1日になると、各地から白装束を身にまとった富士講の人々が一斉に入山する姿が見られた。この日が山開きと定められていたからである。登山の開始を祝い、安全を祈願する儀式として経文が唱えられたほか、人出を見込んで縁日も開かれた。

富士講の教えでは男女の差はないとされたが、実際のところ「霊山」である富士山へ女性が立ち入ることに世間の風当たりは強く、四合五勺御座石浅間神社までとされていた。ともあれ、当時は登山靴をはじめとする登山用品がなかったのだから、女性の登頂は体力的にも難しかったことだろう。

富士山に登れない子どもや女性、老人には「富士塚」と呼ばれるスポットが人気を博した。これは富士山から運んだ溶岩を積んだミニ富士山で、全国各地に作られたという。

70

富士講

江戸時代に成立した民衆信仰

富士講は江戸っ子たちから支持を集めていた宗教。江戸幕府からは宗教政策上、好ましくないとされていた。

洞穴

登拝者

胎内めぐり
富士の洞穴も参拝場所のひとつで、洞穴を抜けてケガレを祓うことを「胎内めぐり」といった。当時は登山用品も充実していなかったため、頂上へ登るのは大変困難で、体力に自信のある者だけが山頂にたどり着けたという。

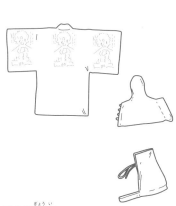

富士講行衣
富士講の講員たちは、上から下まで真っ白な装束を身につけて富士山に登るのが決まりだった。

富士塚
体力に自信のない者や、女性にも人気だったのが富士塚。ご利益があるとされ、江戸の至る所にあった。

夏の作法 その七

江戸幕府もバックアップ！
江戸最大級の山王祭り

該当する人々	町人	農民	武家	皇家	その他

該当する時代	江戸前期	江戸中期	江戸後期

 東都の一大イベント！
踊りやお囃子に象も登場

　町民文化が花開いた江戸時代、中でも祭りは江戸っ子が熱狂的に力を入れた行事だ。旧暦の6月15日は、江戸っ子が待ちに待った山王祭りの日だ。江戸時代、将軍の命により行われ、城内に神輿などを繰り込んで将軍自らも上覧したことから、この祭りは神田祭りと並んで「天下祭り」と称された。

　山王祭りは、もともと江戸山王大権現といわれ、徳川家の守護神として崇められた日吉山王権現（現・日枝神社）の祭礼。一方の神田祭りは、平将門を祀った神田明神の祭礼である。それぞれ毎年催され、江戸の風俗誌『東都歳時記』によれば、山王祭りは山車の数が45台、町数は160町ほどが参集したとある。「神輿行列」と「山車行列」が練り歩き、山王祭りは、江戸の祭りの中で最大規模を誇っていたのだ。

　クライマックスは、山車や練り物による

パレードだ。とりわけ、「付祭り」という仮装行列のようなものが人気だった。太鼓や三味線などの囃子方とともに歩きながら踊る地走や、賑やかな踊り屋台が山車行列の間に登場することで町中が華やかさと活気にあふれ、祭りの行列が通る両側には桟敷席ができたという。

　前述の『東都歳時記』には、麹町の練り物として大きな象のハリボテが登場したとある。享保13年（1728）に象2頭をベトナム（交趾国）から献上されたことに由来する出し物だ。道の両側の家々や路上が、張り子の象をひと目見ようという人々であふれ返った様子が書物には綴られている。

　さすが、江戸っ子は見栄っ張りの多いこともあり、町内ごとの神輿や山車は、隣町に負けまいと年々華美になっていったという。それが度を越してしまったため、天和年間（1681〜1684年）の頃より、山王祭りと神田祭りは隔年で行うよう制限されている。

72

山王祭り

賑やか！ 華やか！ 江戸最大のお祭り

江戸時代のイベントは数あれど、幕府のお墨つきで別格の
盛り上がりを見せた山王祭りは、将軍様もご覧になった。

神輿

山王祭り

日枝神社は江戸城の鎮守とされたことから、山王祭りは盛大に行
われることになったという。最盛期には、神輿が3基、山車45台
が行列をなした。江戸城周辺は多くの見物客で賑わいをみせた。

付祭り

神輿や山車といった内容の決まっている出し物のほかに、
内容が決まっていない出し物を付祭りといった。作り物の
象や仮装行列など、一風変わった出し物が登場した。

桃太郎鬼島渡

巨大な輪をくぐって
災厄や罪をリセットした

夏の作法
その八

該当する人々 ▷	町人	農民	武家	皇家	その他

該当する時代 ▷	江戸前期	江戸中期	江戸後期

 **正式な作法でくぐる
夏の定番儀式**

　日々の生活を送る上で、体にまとわりついてしまったケガレや災厄、自らの過ちなどを祓って清めることを指す「大祓」。神社では、この神事を6月と12月の末日に、年2回行っていた。しかし、大晦日は何かと多忙なため、6月30日の「夏越の祓」にメインで催されるようになっていった。

　大祓は本来、自ら水に入り身も心も清める儀式だったが、人の形に切った紙である「形代」を、海や川に流して祓い清める方法に変容していった。身代わりとなる形代に、名前などを記し自身のケガレを託したのだ。儀式としては、上巳の節句の流しびなにとても似ている。

　現代人にはなじみがなくなった祭事だが、イネ科の植物・茅を束ねて人が通れるほどの大きなリース状の輪（茅の輪）を作り、それを決められた作法

でくぐるというものだ。まずは左足で輪をまたいでくぐったら左回りで正面に戻り、次に右足からくぐって右回りで戻り、最後にもう一度左足からくぐる。8の字を描くように輪を3回くぐるのである。これも大祓のひとつで、その起源は奈良時代初期の『備後国風土記』にあるといわれ、その逸話の中では小さな輪を腰につけておくと災厄を免れるとされた。それが、だんだんと大きい輪になり、江戸時代には巨大な茅の輪をくぐるという神事に変化したと伝えられる。

　現在でも全国各地の神社で行われている夏越しの祓。台東区にある小野照崎神社では、夏越しの祓と山開きの神事が同時に開催されている。70ページで紹介した富士塚もあり、多くの人々が訪れている。また、京都府にある上賀茂神社では、毎年6月に「夏越しの大祓式」が行われる。奉納された人形が川に流され、その情景は和歌「百人一首」にも詠まれている。

夏越の祓

半年分のケガレを落とす夏の行事

夏越しの祓は、大晦日やお正月ほど派手さはないものの、江戸っ子たちが半年の節目として大切にしていた行事だった。

夏越の祓

ケガレを祓うためには、水に入って心身ともに清める必要があった。その起源は『古事記』の登場人物であるイザナギが川で水浴びをしたことにあるという。この時期、隅田川や荒川などの川辺では多くの人が身を清めた。

荒川

茅の輪

形代

形代

茅の輪くぐり

神職者を筆頭に、「8」の字を描いて茅の輪をくぐる儀式も夏越しの祓のひとつ。現在でも行っている神社は数多くある。

形代

夏越の祓はケガレを祓うために水に入る風習だったが、次第に自らのケガレを形代に移して水に流すという儀式に変化した。

形代流し

人の形をした人形を川に流すことを形代流しといった。水辺がたくさんあった江戸では、至る所で行われていた。

75

大江戸行事

現代と
比較！

江戸時代は立夏からがサマーシーズン。新暦だと、ゴールデンウ

江戸	主なイベント

暦の上では夏 初物人気が沸騰

卯月
夏
旧暦4月

灌仏会 (かんぶつえ)
お釈迦様の誕生した日である旧暦4月8日に寛永寺、浅草寺などで催され、釈迦の誕生仏像に甘酒を注いで祝った。

初がつお
この時期、縁起物の初物として人気が高騰。威勢のいい、かつお売りなどの行商が往来を行き交った。

両国の花火が 夏の夜に咲く

皐月
夏
旧暦5月

端午の節句
江戸時代から男児の成長を願う節句になったといわれ、武家の風習だったものが庶民にも浸透していった。

大川（隅田川）の川開き
旧暦5月28日の川開には、両国で花火大会が。花火屋の鍵屋と玉屋が競って花火を打ち上げた。

盛夏でも山や 祭りに意気盛ん

水無月
夏
旧暦6月

山開き
信仰の対象である富士山の山開きに、多くの人々が登頂。江戸市中の富士塚詣も流行した。

山王祭り
日枝神社の神幸祭 (しんこうさい) で、将軍が上覧した天下祭のひとつ。天和の頃から、神田祭りと隔年交代で行われた。

旧暦

カレンダー 夏編

イーク中の5月初旬となる。

現代	比較・考察

新暦

桜の花見は 江戸時代並みに

4月
春
4月1日～4月30日

4月は花見の季節。しかし、近年は地球温暖化の影響で、開花が早まって桜が散っている場合も。江戸からはじまった花見の風習は、今やアジアや欧米にも広がっている。

休みが多い! ゴールデンウィーク

5月
春
5月1日～5月31日

5月に思い浮かべるイベントといえばゴールデンウィーク。昭和23年(1948)の祝日法の施行により、祝日が集中するようになった。現代人にとって嬉しい時期である。

現代と異なる 衣替えの方法

6月
夏
6月1日～6月30日

入梅の時期に当たる現代では、梅雨の晴れ間に冬服と夏服を入れ替えて衣替えをする。江戸時代は、袷の着物の裏地を取って単衣に作り変えることで対応していた。

甘酒は夏バテ予防の
栄養ドリンクだった

甘酒や乳湯、ところてんで夏バテ知らず

　近年、異常気象といわれ40度超えもめずらしくないが、江戸時代の夏は今よりも平均で2～3度低かったと考えられている。とはいえ、エアコンもなく、扇子と団扇であおぎ涼をとっても湿度が高かった江戸では夏バテしやすかっただろう。「飲む点滴」といわれる甘酒は、今は冬の飲み物と思われているが、江戸っ子には夏バテ予防の栄養ドリンクとしておなじみ。同じ温かい飲み物では、釜で熱した砂糖入りの乳湯も人気だった。西瓜や桃といった旬のフルーツも、路上などで売られていたが、夏のおやつの代表はところてん。箸で挟むと切れてしまうため、江戸っ子は一本箸で食べた。ツルンとしたのどごしがよく、酢醤油の味付けで食べていたという。

三章

秋 の 作 法

旧暦 ▷ 7月〜9月

新暦 ▷ 9月〜11月

　現在と比べておよそ1カ月のズレがある旧暦の7月〜9月は、一足早く秋の季節が到来。日中は暑いものの朝晩は肌寒さを覚える時期、江戸っ子たちはどう過ごしていたのか？　本章では七夕や盂蘭盆会、菊見などのイベントを紐解きながら、人々の暮らしぶりにも迫っていく。

江戸の町が竹林に！
芸事上達を星に願った

 **裁縫や芸事の上達を
願う日でもあった**

　七夕は、江戸幕府が定めた五節句の「式日」のひとつで、旧暦の７月７日に行われていた。牽牛と織姫が年に１度出会うという中国渡来の伝説と日本古来の機織姫信仰が一緒になり、七夕として定着していったとされる。

　もともと、中国では「乞巧奠」という裁縫や手芸が上達するよう、星に祈る風習が宮中行事で行われていた。これにあやかり、日本でも裁縫や手芸、のちには書道、芸事などの上達を願う風習も七夕は兼ねるようになっていった。女性たちは、水桶に夜空の星を映して楽しみながら、神への供物の前で琴や三味線などを演奏して、その上達を願ったのである。

　このように、日本の七夕は中国文化と日本文化が合わさって独自に融合したものなのだ。

　旧暦の７月７日といえば、今では８月下旬で残暑が厳しい頃だが、当時は初秋の行事。和歌や願い事を短冊にしため、紙細工とともに子どもも大人も笹に飾りつけて楽しんだ。庶民にも広く浸透しており、７月６日には江戸の町に数え切れないほど五色の短冊を下げた笹竹が立ち並び、まるで町が竹林のようになったという。

　また、この日には「井戸替え」というもうひとつの重要な年中行事が行われた。井戸の水を全て出した後、その中を大掃除するこの行事は、長屋の住民が全員そろって水をくみ出すところから始まる。底にたまったゴミや泥などを井戸職人がさらって清潔にした後は、井戸の神様に御神酒を供え、ケガレを祓った。

　「七夕は水辺の機織り小屋でケガレを祓う」という日本のもともとの風習と、中国の織姫伝説が混合して、七夕自体に「水に関する魔除け」の意味が生まれたことで、井戸掃除が七夕に行われるようになったのだ。

七夕の景観

五色に彩られる江戸の町

七夕の日には、色とりどりの装飾を付けた太く長い竹が多くの民家を彩り、町はさながら竹林のような景観だった。

ひょうたん

無病息災を祈る飾り。その後廃れてしまったが、江戸時代にはひょうたん型の短冊もポピュラーだった。

網飾り

魚を取る網を模した飾りで、大漁祈願の意味があった。

吹き流し

織姫の織り糸を表している飾り。魔除けの意味もあったといわれる。

短冊

古代中国の五行説（木火土金水によって万象が説明されるとする説）にちなみ、青（または緑）、赤、黄、白、黒（のち紫）の五色の短冊が使われた。織姫にあやかって機織や裁縫の上達を願っていたが、時代を追うごとに諸芸の上達なども願うようになった。

町人たち

江戸の女性たちは神への供物を捧げ、その前で琴や三味線などを演奏して上達を願った。

7月10日は4万6000日分に 相当するラッキー参拝日

秋の作法
その二

該当する 人々 ▷	町人	農民	武家	皇家	その他

該当する 時代 ▷	江戸前期	江戸中期	江戸後期

 赤いとうもろこしは
雷除けのお守り

毎年、7月9日と10日に行われる浅草寺のほおずき市は現在でも屋台がたくさん立ち並び、観音様の縁日として多くの人々に親しまれている。7月10日は浅草寺の功徳日で、この日のお参りは普段の日の四万六千日分に相当するとされる。特別なラッキーデーなのである。

そのため、今でこそほおずき市のほうがなじみ深いが、江戸時代は「四万六千日」目当てに、誰もが徳を得ようと浅草に押しかけた。

四万六千日の由来は、「46000日＝約126年」であることから、「一生に相当する功徳を与える」という意味からきたといわれている。また、米一升分がだいたい46,000粒であるため、「一升」と「一生」の語呂合わせからきているという説もある。

『東都歳時記』によれば、浅草寺境内

の一角で赤いとうもろこしが雷除けのお守りとして売られていたという。赤いとうもろこしを天井から吊していた農家が落雷の被害を免れた、という逸話が由来である。現在では、四万六千日の縁日限定で、浅草寺で雷除けのお守りが購入できる。

実は、浅草寺のほか、芝の魚藍観音、駒込光源寺の大観音、本所の回向院、青山の梅窓院などでも、7月10日には四万六千日の功徳があるとされ、赤いとうもろこしも入手できた。それでも浅草寺の人気が圧倒的だったのは、浅草一帯が江戸随一の大歓楽街で、お参りの後に茶店や見世物小屋などが集まる「奥山」へ立ち寄りやすかったからだろう。

明暦の大火(1657年)後は、浅草寺の裏手のほど近い場所に、吉原(政府公認の遊郭)が移転。天保の改革で芝居の町である猿若町が移ってきたこともあり、参拝後のお楽しみには事欠かなかったのだ。

文月

葉月

長月

賑わう浅草寺

多くの人々が徳と娯楽を求めて参拝した

普段から多くの人々で賑わう江戸名所の浅草寺。しかし、四万六千日は別格の人出であった。

浅草寺
参拝・行楽を目的に、江戸時代から多くの人々が訪れる観光名所だった。四万六千日には、浅草寺の周辺で赤いとうもろこしやほおずきが縁起物として屋台で売られていた。

参拝者

「お参りついでに観光を楽しもう」と思う人は多く、近場で四万六千日を行っている他の寺院があるにもかかわらず、浅草寺まで足を運んでいた。

四万六千日の人気アイテム

赤い実のとうもろこし
雷除けの縁起物。農家が赤いとうもろこしを天井からぶら下げていたら雷が落ちなかった、という逸話に由来する。

ほおずき
芝の愛宕神社で売られ始めたのがきっかけ。「実を水で丸呑みすれば病気が去る」という民間信仰をもとにしている。

先祖を祭る盂蘭盆会から
現在のお中元が始まった

該当する人々	町人	農民	武家	皇家	その他

該当する時代	江戸前期	江戸中期	江戸後期

 ## 先祖が迷わず帰れるよう
導くための迎え火

正式には「盂蘭盆会」と呼ばれるお盆は、先祖の霊を迎えて供養する期間のことだ。

盂蘭盆会という言葉の由来は、インドのサンスクリット語でウランバナ（逆さ吊り、あるいは逆さ吊りされるような苦しみ）を意味し、苦しんでいる死者を救おうとしているという説、古代イラン語で霊魂を意味する「ウルヴァン」を起源とする説など、諸説存在する。

盂蘭盆会は、旧暦の7月13日〜16日まで。12日と13日には、お盆に必要なものがそろう「草市」が深川（江東区）や小石川伝通院（文京区）門前など各地で開かれた。人々はそこで迎え火や送り火に使用するおがら（麻の皮をはがした茎の部分）、竹、むしろなどを手に入れて、先祖を迎えるための盆棚を作ったのだ。現在も、月島（中央区）で露店なども出て賑やかな草市が開かれる。

盆棚は、むしろを敷き竹で囲って竹の上部にしめ縄を張り、中央に位牌、その周りに仏具、盆花、きゅうりとナスで作った牛や馬、供物が置かれる。地域により盆棚の作り方は違うが、先祖の霊を供養する人々の気持ちに変わりはない。

13日には迎え火を行う。夕刻になったら、帰って来る先祖が迷わないように、おがらを燃やして道標とした。14日または15日には僧侶によって経をあげてもらい、最終日の16日には送り火を焚いて、無事に先祖があの世に帰れるよう送るのが習わしだ。

お盆は、お中元の季節でもある。中国の三元説では、1月15日を上元、7月15日を中元、10月15日を下元といった。これらは神に供物をして祝う日だが、日本に伝わってお盆と中元が一体化し、贈り物をする習慣へと変化。これがお中元の始まりだという。

お盆の人々の様子

現代まで受け継がれる先祖を敬う心

お墓参りなど現代まで続くものもありつつ、今はもう廃れてしまった迎え火なども重要な儀式だった。

おがら

迎え火

盆入りの7月13日（現代の8月13日）に、おがら（皮をはいだ麻の茎）を玄関先で焚いて、先祖の霊を迎え入れた。

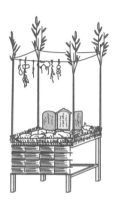

盆棚

四方に葉のついた竹を立てて、菰縄（イネ科の植物である菰で作られた縄）で囲い、祖先の霊牌などを安置した。野菜などのお供え物もあった。

お墓参り

檀家制度（特定の寺院に民が属する制度）により、お寺の境内に自らの家の墓を建てて、そこにお墓参りをするのが一般的だった。

行事FILE

お盆の時期にも行商人が大活躍！

迎え火で必要なおがらや、精霊棚を作るのに必要な竹など、盆は何かと入用なものが多い。そこで活躍したのが行商人だ。彼らが7月から歩き売りをして、人々はお盆に備えていた。

文月

葉月

長月

江戸時代の月見団子は
テニスボール大のサイズ

秋の作法
その四

該当する人々	町人	農民	武家	皇家	その他

該当する時代	江戸前期	江戸中期	江戸後期

 ## 二十六夜の月は
十五夜より価値がある!?

地球の衛星である月は、最も身近な天体であると同時に、古来その美しさが人々に愛でられてきた。特に旧暦8月15日の中秋の名月（十五夜）の月見は、現在も全国的な行事として行われている。

江戸時代の月見は、団子や栗、里いも、柿などのほか、秋の七草のススキや萩を供えた。特に、里いもは米が主食となる以前に主食だったこともあって重要な供物とされる。十五夜の別名が「芋名月」であるゆえんだ。

江戸の月見団子は丸い形だが、京都や大坂の団子は、里いものように長い丸形だった。『守貞漫稿』によると、江戸では三方（供物などを載せる台）に団子を山型に盛っているとある。一方、京都や大坂では小芋のような少し尖った形にした団子を供え、ススキや花は供えなかったと記される。地域による

文化の違いが興味深い。

ともわれ、月見団子の大きさは特に決まっておらず、各所でさまざま。中にはテニスボールほどの大きな団子もあったというから、十五夜に15個の団子を供える習わしなので、作るほうも食べるほうも大変だったことだろう。面白いことに、供えた月見団子はたとえ近所の子どもが盗み食いをしても許された。神様へのお供え物をみんなで分け合って食べる、神道の「直会」という儀式の意味もあるとされるからだ。

現在は、十五夜ばかりに話題が集中するが、江戸の人々はそれよりも旧暦7月26日の月を愛し、月見に最適な場所である高輪（港区）などは、大変な混雑ぶりだった。26日頃の月は有明月とも呼ばれ、月は明け方に上ってくるので、徹夜で月の出を待った。「二十六夜待ち」といわれ、料理茶屋の座敷や茶屋、品川・高輪沖へ屋形船や小舟を出すなど、思い思いの場所で楽しみながら月を待ったのである。

月見の風景

庶民は団子にススキで月を楽しんだ

中秋とは中国で月を祭る日とされた8月15日。その日に行われた月見は庶民の間でも広く行われていた。

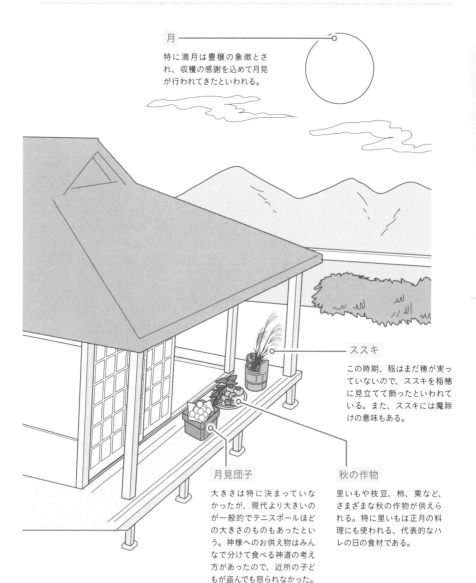

月

特に満月は豊穣の象徴とされ、収穫の感謝を込めて月見が行われてきたといわれる。

ススキ

この時期、稲はまだ穂が実っていないので、ススキを稲穂に見立てて飾ったといわれている。また、ススキには魔除けの意味もある。

月見団子

大きさは特に決まっていなかったが、現代より大きいのが一般的でテニスボールほどの大きさのものもあったという。神様へのお供え物はみんなで分けて食べる神道の考え方があったので、近所の子どもが盗んでも怒られなかった。

秋の作物

里いもや枝豆、柿、栗など、さまざまな秋の作物が供えられる。特に里いもは正月の料理にも使われる、代表的なハレの日の食材である。

欲望と金が渦巻く
吉原の美しい女たち

| 該当する人々 ▷ | 町人 | 農民 | 武家 | 皇家 | その他 | 該当する時代 ▷ | 江戸前期 | 江戸中期 | 江戸後期 |

 吉原は庶民にとっては高嶺の花、よほどの富裕者しか遊べなかった

吉原は元和4年（1618）頃、現在の人形町あたりに作られたが、明暦の大火で浅草寺北側に移され、昭和33年（1958）まで続いた遊郭である。遊郭といっても現代の風俗とは異なり、艶を売り、情を交わす一種の疑似恋愛の場であった。当時の江戸は男女の比率の差が大きく、夫婦になれない多くの男たちは、色香を求め遊郭を訪れた。もっとも吉原は庶民には敷居が高すぎたが……。

花魁とは太夫（遊女の最高級の階級）級の遊女のこと。初めて花魁を指名することを「初会」と呼び、この時は酒席で話をするだけのいわば顔合わせ。2度目の指名は「裏を返す（1度指名してくれた客が再度指名してくれること）」といい徐々に近づき、3度目でようやく馴染みとなる。客は目当ての花魁がいる店の全員に心づけを配らなければならないため、よほどのお金持ちでなければ吉原に通うことはできなかった。

花魁は吉原遊女3,000人のうちごくひと握りしかおらず、常に新造を2～3人、禿も数名従えた。新造とは、まだ客を取る年齢に達していない者のことで、禿はさらに幼い6～13歳の見習いで、花魁の身の回りの世話係である。新造であっても、客の要望により、花魁が許可すれば客を取ることができた。新造の中でも客を取れない者は番頭新造と呼ばれ、花魁の世話を取り仕切った。魅力的で華がある遊女でなければなかなか一人前になれないという、厳しい世界だったのである。

一方、吉原に行けない庶民たちは、順位の落ちる格子、散茶、小見世、局と呼ばれる安価に遊べる遊郭に足を運んだ。いずれにしても、女性の少ない江戸の町で、男たちは本能的な衝動を解消すべく遊女たちのもとへ向かっていたのだ。

花魁道中の様子 （おいらんどうちゅう）

豪華絢爛な遊女たちのランウェイ

最高階級の遊女である太夫（たゆう）を中心に、華やかな女たちが歩く花魁道中は、道ゆく人々の視線を奪った。

遣手（やりて）

遊女たちの指導者兼監督役の年配の女性。客を取れない年齢になって、行く当てもない遊女がなった。

若い衆

遊郭に勤めている男性。番頭や入り口の見張り、下足番、傘を差す係など、彼らの仕事は多岐にわたった。

太夫

階級が一番高い遊女の呼称。容姿が美しいだけでなく、さまざまな芸能や音楽、茶道、文学などに関する高い教養を備えている。

禿（かむろ）

新造の年にも満たない、6〜13歳ほどの幼女。幼い頃に遊郭に売られてきた少女が多い。14歳頃に成長すると、見習いとして新造になった。

新造

太夫の妹分。まだ客を取る年齢に達していない、14〜16歳程度の見習い遊女。太夫の身の回りの世話をしながら、遊女としての作法を習得する。

高級遊女と遊ぶシステム

何段階かに分かれた面倒くさいシステムだった

高級遊女と遊ぶシステムはとても面倒で金がかかるものであったが、彼女たちの価値を示すために大切なことだった。

江戸時代初期　明暦3年(1657)の明暦の大火で、日本橋葺屋町にあった吉原遊郭が浅草に移転してできた新吉原でのシステム。

①茶屋に来た客が揚屋に案内される

客はまず、遊郭への案内を生業とする茶屋を訪れ、そこから揚屋（客が遊女と遊ぶ場所）に案内される。

②客が遊女を指名する

揚屋で客が遊女を指名する。

置屋　　　揚屋

③揚屋が置屋に遣いを出す

揚屋の主人はその遊女がいる置屋（遊女を抱えている店）の主人に向け、客の身元を保証する証文を書いて遊女を呼ぶ遣いを出す。

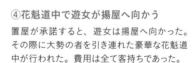

④花魁道中で遊女が揚屋へ向かう

置屋が承諾すると、遊女は揚屋へ向かった。その際に大勢の者を引き連れた豪華な花魁道中が行われた。費用は全て客持ちであった。

※後世、置屋が揚屋を兼ねるようになると、このシステムも変化していった。

一般的な遊郭の システム

格子越しに客が遊女を選ぶシステム

一般的な遊女は揚屋に行くことはなく、顔見世（かおみせ）といって通りかかる客に対して格子の向こうから呼び入れていた。

江戸時代初期　客は、格子越しに見世（遊女が通りがかる客を呼び入れる格子構えの座敷）に並んだ遊女を見て選んでいた。

格子の種類　遊女と客の間には格子があり、この升目が小さいほど一流店で、大きいほど安価な店だった。

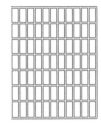

大見世総籬（おおみせそうまがき）

一流の大きな店の格子。なかなか中が見えず、客の好奇心をそそった。

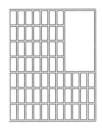

中見世中籬（なかみせちゅうまがき）

規模・遊女の質が一流店より一段下の店の格子。一部が素通しになっていた。

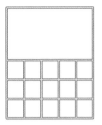

小見世格子（こみせこうし）

質が低い、安価な店の格子。上半分が素通しになっており、升目も大きく中に見えやすい。

華やかで艶やかな花魁スタイル

花魁は吉原の最高級遊女。その装いも華やか、かつ艶やかで、見る者の心をわしづかみにした。

花魁　花魁のファッションは、若い女性にも注目されていた。現在でいうファッションリーダーのような役割も果たしていた。

かんざし

金、銀、べっ甲、象牙などさまざまな高級材を用いて作られた豪華なかんざしを挿していた。最盛期の花魁は前髪と後ろ髪に8本ずつ挿して豪華に飾っていた。

笄（こうがい）

もともとはヘアスタイルを崩さずに固定する役割を果たしていたが、江戸時代後期には飾りとして扱われていた。

仕掛け

吉原では打ち掛け（小袖の上に着る表着）のことを仕掛けと呼んだ。裾は床を擦るほど長い。また、裾部分に綿を厚く入れて外側に反らせていた。

帯

胸の前から垂らした帯の結び方は「俎板帯（まないた）」といって、花魁の正装に用いられる結び方。花魁道中の際にはこの結び方で向かうのがしきたりだった。

下駄

黒塗りの三枚歯の高下駄。花魁道中の際に大通りを練り歩く花魁の姿を際立たせた。

髪型と変遷

遊女の姿は身分・年齢で変化する

さまざまな遊女の髪型と、年齢・役職によって変わってくる遊女の装いを紹介する。

髪型

兵庫髷（ひょうごまげ）
吉原設立前から存在していた、江戸の兵庫屋という遊郭の遊女がしていた髪型。

勝山髷（かつやままげ）
勝山という、17世紀に吉原で大人気だった遊女がしていた髪型。これをアレンジした丸髷（まげ）は一般女性の間でも大流行した。

島田髷（しまだまげ）
男子の髪型である若衆髷（わかしゅうまげ）を遊女がアレンジした髪型。この島田髷から「つぶし島田」「高島田（たかしまだ）」「文金高島田（ぶんきんたかしまだ）」などの髪型が生まれた。

装いの変遷

禿（かむろ）
おかっぱ頭、もしくは島田髷のような髪型で花かんざしをつけた。

振袖新造（ふりそでしんぞう）
髪は島田髷で櫛や笄をつけて、振袖姿で帯も前で結んだ。打ち掛けはまだ着られない。

留袖新造（とめそでしんぞう）
客が取れず独り立ちできない場合、留袖で太夫の世話になりながら客を取った。

一人前の遊女
振袖に打ち掛けを重ねて、懇意の客を取るようになる。

菊だらけの重陽の節句で
願うは不老長寿

 ## 「9」が重なる「重陽の節句」に
菊酒を飲み、健康長寿を願った

　陰暦の９月９日は、「9」が陽数、つまり奇数の最大数であることから、9が2つ重なる縁起のよい日とされた。もとは中国の漢の時代、この日に菊酒を飲み長寿を願った風習が由来で、日本へは平安時代に伝わった。菊酒を飲む以外にも、菊花のつぼみに綿を被せて夜露に染ませ、菊の香りのする綿で体をぬぐう「菊の被綿」という風雅な習わしが公家たちの間で流行。紫式部も「菊の露わかゆばかりに袖ふれて花のあるじに千代はゆづらむ」と詠んでいるほどだ。歌は「菊の被綿で身をぬぐうと長寿になるといいますが、私は袖に触れるくらいにして、あるじに千年の命はお返しします」という内容で、いかに菊花や被綿が貴重なものであったのかがうかがい知れる。

　江戸時代になると、武家社会にも「重陽の節句」を祝う儀式が行われるようになった。江戸城ではこの日、薄い藍色の小袖に長袴を纏った将軍が有力大名たちの前に出て、「重陽の節会（菊の花を用いて不老長寿を願う行事）」の儀が執り行われた。大広間では、諸大名たちが献上した菊花を眺めながら盃に菊の花びらを浮かべて酌み交わして長寿を祈った。また、一般の武家の屋敷では、長柄という柄杓付きの容器に酒を入れ、その上に菊花を山盛りにしている様子が当時の絵に残っていて、武家らしい豪快さを感じさせる。ちなみに菊花は、鎌倉時代の後鳥羽上皇がこの花を好んだことから、皇室の家紋を「菊紋」とし、現代まで受け継がれている。

　「重陽の節句」の日は、衣替えの時期とも重なる。衣替えといっても、庶民は夏冬で着物自体を変える余裕はないため、それまで着用していた単の表地と裏地の間に綿を入れ、袷に仕立て上げるのだ。江戸の人たちにとってこの日は秋到来の風物詩であった。

重陽の節句に
やること

衣替えや挨拶に忙しい秋

季節の変わり目である重陽の節句には、衣替えやお世話に
なった人への挨拶など節目のイベントが行われていた。

衣替え

単衣
一般庶民は、春〜夏の間は1枚の布で作ら
れている着物（単衣）で過ごしている。

単衣に加工をする
単衣だけだと寒いため、下地をつけて袷に
して、綿を入れて暖かく仕立て直した。

遊芸の師への挨拶

弟子
この日に祝いの言葉を述
べに行き、技を披露する
のが習わしだった。

師匠
女性は5〜6歳の頃から
15〜16歳まで師匠の下
へ通って芸を覚える。

秋の菊と春の桜──
江戸っ子が愛した季節の花

| 該当する
人々 ▷ | 町人 | 農民 | 武家 | 皇家 | その他 |

| 該当する
時代 | 江戸前期 | 江戸中期 | 江戸後期 |

 春の桜、秋の菊は江戸の人々にとって欠くことのできない年中行事

　江戸時代の人々は春の花見のほかに、秋になればそろって菊見に出かけた。

　中国では、菊花は不老長寿の恩恵を与えてくれる花で、「重陽の節会」が幕府公式行事となったことから、江戸各所で菊の花が栽培されるようになった。とりわけ盛んな生産地は本郷（文京区）で、徐々に白山、千石、巣鴨（豊島区）へと広がっていく。中でも巣鴨から染井、駒込一帯は花卉や植木の大生産地で、展示販売が行われていたことから、多くの人々が訪れた。

　当初、巣鴨の菊は鉢植えの花壇造りであったが、文化年間（1804～1818年）に、麻布狸穴で鶴や帆掛け船が菊花で作るようになる。これらは「形造り」と呼ばれて各地に広がり、大勢の見物客が集まった。遠方から江戸を訪れた見物客のために菊の番付表や、道案内の双六なども作られ、どこへ行けばどんな菊が見られるのかという観光ガイドとして人々はとても参考にしたという。

　ところが、菊の花を育て「形造り」をする植木屋は、見物料を取るわけにもいかないので、手間がかかる「形造り」をやめてしまうことが多く、菊見は低迷してしまう。再び菊見ブームが起こるのは幕末の天保・弘化年間（1830～1848年）のことで、文京区の千駄木、根津、団子坂などで「形造り」が復活。富士山や帆掛け船、鶴などの定番が造られていたが、やがて歌舞伎の名場面の役者姿などを造形するようになり、大いに人気を集めることになった。これが「菊人形」と呼ばれるもので、団子坂の展示では、明治9年（1876）から木戸銭を取って興行化された。その後、全国各地で「菊人形展」が専門の興行会社の手で催された。現在も、秋の訪れとともに、各地の城や公園などで「菊人形展」は開かれて、賑わいを見せている。

さまざまな菊花

美しく派手に整えられた菊を愛でる

人々はさまざまな菊を見て、秋の訪れを楽しんだ。現在でも菊花展として秋にイベントが開催されている。

形造り

菊を使って鶴や帆船などを立体的に作る形式。文化年間(1804〜1818年)後半頃には大きく広がって番付も作られ、奥州などからも見物客を集めた。

菊人形

菊でできた作り物。象やラクダなどの動物から歌舞伎の名場面を再現したものまで、さまざまな人形が作られた。やがて、木で作った頭と手足に菊を使った衣装を着せる菊人形の形が定着していった。

変わり咲き

ひとつの株に百種類もの花を咲かせる品種。自然に咲く菊だけでなく、こうした変わり種も人気を博した。

文月

葉月

長月

97

11日間に及んだ芝神明宮の 通称「だらだら祭り」

該当する 人々 ▷	町人	農民	武家	皇族	その他

該当する 時代 ▷	江戸前期	江戸中期	江戸後期

 「め組の喧嘩」で一躍有名に、 歌舞伎演目ともなった祭り

港区芝大門に鎮座する芝大神宮。古くは飯倉神明宮、芝神明宮、日比谷神明宮と称され、鎌倉時代には源頼朝より社地を寄贈され、江戸時代は幕府の篤い保護の下、江戸の産土神（土地の守護神のこと）として庶民の信仰を集めた。また、「関東のお伊勢さん」とも呼ばれ、人々の崇敬を集めてきた由緒正しい神社だ。

寛弘2年（1005）の創建の際に供物として新穀や生姜、甘酒、薄い杉の木板を小判型にした曲げ物の千木箱が奉納されたという故事から、毎年9月11日から21日まで開かれる祭礼では、境内に生姜を売る市がたくさん立ち、甘酒、千木箱などもそこらかしこで売られた。

千木箱には赤飯や飴、五色豆などが詰められ、千木が千着に通じ、箪笥の中にこの千木箱を入れておくと衣裳持ちになり、神棚に置くと魔除けになると信じられた。

元来、この祭りの祭礼日は1日だけだったが、お伊勢参りが流行した江戸時代、伊勢まで行けない庶民がこの社に参集したことから11日間にも及ぶ長い祭り、つまり「だらだら祭り」となったとされる。

この祭りではよく喧嘩が起こった。有名なのは、文化2年（1805）2月の「め組の喧嘩」である。当時、祭りの小屋を立てたりするのは町火消の仕事であり、芝神明宮でめ組の火消たちが担当していた。しかし、町火消の辰五郎という人物が勧進相撲の木戸銭を支払わなかったことから、力士たちと一触即発となり、やがて瓦が乱れ飛び、双方入り乱れる乱闘沙汰となった。数十名の負傷者を出す、伝説の大喧嘩である。

この喧嘩は「神明恵和合取組」という歌舞伎演目ともなり、後世まで語り継がれた。

だらだら祭りの様子

江戸で一番の開催期間を誇るだらだら祭り

11日間も続く芝神明宮のだらだら祭り。秋はどこの神社も祭りで賑やかだが、この神社の賑やかさはひとしおだった。

境内にたくさんの屋台

祭りの期間には、境内にたくさんの屋台が出店して賑わっていた。

甘酒・生姜は看板商品
境内には生姜の市や、甘酒を売る商人がたくさんいた。

だらだら祭りの人気アイテム

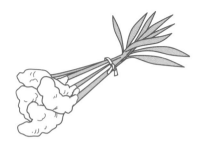

生姜
創建の際に、供え物として生姜や甘酒、千木箱が捧げられたという故事から、境内ではしょうがの市が立った。

千木箱（ちぎばこ）
薄い木の板で小判型に作られた小さな箱。中に飴や五色豆が入れてあり、女性にも大人気だった。

絢爛豪華な36台の山車が登場した神田祭り

該当する人々 ▷	町人	農民	武家	公家	その他

該当する時代 ▷	江戸前期	江戸中期	江戸後期

 ## 見物人も大興奮！江戸中を練り歩く山車の行列

　江戸で人気を二分したのが、江戸総鎮守の神田明神の神田祭りと、徳川幕府の産土神である山王権現神社（日枝神社）の山王祭である。現在、神田祭は5月15日に行われているが、江戸時代は9月15日が本祭で、この日が近づくにつれ、江戸の町や往来、辻などは次第に興奮の熱と色彩が増していった。

　本祭の前日には、行列が近辺を練り歩いた。行列筋の武家や町家には招待客が詰めかけ、酒宴が開かれ大いに賑わった。

　そして本祭当日になると、往来は人留となり通行禁止、路地や辻には柵が設けられた。やがて往来の彼方から豪華絢爛に飾り立てられた山車36台がそれぞれ個性を尽くした華麗さと仕掛けを競い合いながら通過する。山車を曳くには牛の力も借り、山車と山車の間には、長柄の槍を持った警護係や

踊り手を乗せた踊り屋台などが加わって、延々と続いていく。

　見物人はそれぞれの山車に声を上げ、手を打ち振る。湯島聖堂（文京区）の西隣付近から神田旅籠町、筋違橋（現在の昌平橋付近）に入り、須田町から日本橋を進み、三河町河岸通りに出て、数多くの武家屋敷の前を通って現在の武道館前から竹橋門、お堀端に沿って大手門の橋まで行き、丸の内消防署裏手——神田明神発祥の地で平将門首塚がある——に必ず立ち寄ってから常盤橋に出る。

　このあたりまで来ると夕暮れ時になる。夕闇が迫ってくれば、家々の軒提灯を外して竹の先につけ、行列に加わって町を行く人々が多くなり、祭りは最高潮に達していく。さぞかしその光景は美しかったであろう。

　翌日になっても祭りの余熱は残っていて、祭りの関係者は祭礼の衣裳そのままで神社に参詣し、祭りの無事を感謝した。

祭りの主役は山車

派手に江戸町民を楽しませた山車の行列

朝鮮通信使の仮装行列、大なまずの作り物、桃太郎を題材にしたものなど、バラエティに富んでいた。

明治以降は路面電車や電信柱との兼ね合いで山車を出さなくなったが、江戸時代までは山車が主役であった。江戸時代の山車は大部分が関東大震災や戦争で焼失している。現在は町神輿が主流。

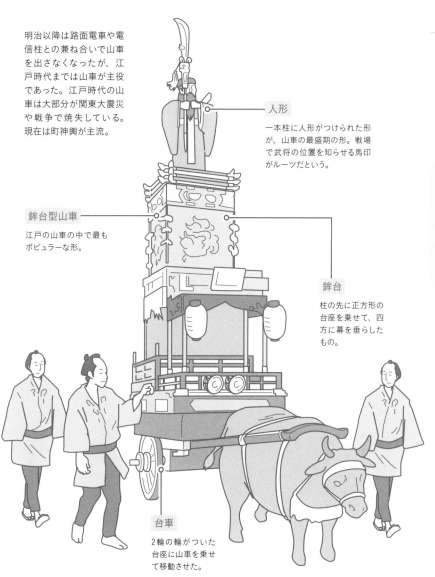

人形

一本柱に人形がつけられた形が、山車の最盛期の形。戦場で武将の位置を知らせる馬印がルーツだという。

鉾台型山車

江戸の山車の中で最もポピュラーな形。

鉾台

柱の先に正方形の台座を乗せて、四方に幕を垂らしたもの。

台車

2輪の輪がついた台座に山車を乗せて移動させた。

現代と比較！

大江戸行事

現代の秋は10月から11月頃だが、江戸時代の秋は文月（7月頃）

旧暦

江戸	主なイベント
歌や文字を書く 書道上達の月 **文月** 秋 旧暦7月	**七夕祭り** 織姫と牽牛が一年に一度出会う七夕は中国伝来で、短冊に願い事を書き、笹に飾りつけたのは江戸時代から。 **盂蘭盆会** 先祖供養の盂蘭盆会は7月13日、迎え火をして、16日の朝に送り火で彼岸にお帰りいただく。
木の葉が紅葉し 落葉する葉月 **葉月** 秋 旧暦8月	**月見** 8月15日は中秋の名月。秋の真ん中に差し掛かる時季だ。江戸城では月見櫓(やぐら)を設け宴が開かれた。 **菊見** 菊花で鶴や帆掛け船を作る「形造り」は、春の桜と同じように庶民に愛され、やがて菊人形となって今に残る。
夜が長くなり、 夜長月（よながづき）と呼ばれた **長月** 秋 旧暦9月	**芝神明宮の祭り** 「関東の伊勢参り」といわれ、11日間の長丁場だったことから「だらだら祭り」と呼ばれた。 **神田祭** 山車36台が市中を練り歩く。この日、江戸の町はハレ一色。夜は歩く人々の提灯が美しく彩った。

カレンダー 秋編

から始まった。江戸と現代の行事を見比べてみよう。

現代	比較・考察

新暦

旧暦を引き継いで お盆を行う場合も

7月
夏
7月1日〜7月31日

新暦では8月15日前後が「お盆」になり、月遅れ盆と呼ばれている。お盆休みなどの時期は全国共通だが、旧暦のまま7月に盂蘭盆会を行う地域もある。

猛暑とイベントが 続く真夏の月

8月
夏
8月1日〜8月31日

江戸川花火大会では盆踊りなどお盆の行事がいくつも開かれ、祖先を見送る送り火が灯される。だが、強い日差しはまだ収まらない。

日本列島が 台風にさいなまれる

9月
秋
9月1日〜9月30日

23日の秋分の日前後は秋のお彼岸。旧暦の8月15日は新暦9月24日で、十五夜と呼ばれる中秋の名月を眺めるが、台風の季節でもあり、叶わぬことも。

人目を忍ぶ恋の逢瀬は、
不忍池の出会茶屋

男女のひそかな逢引き場所として知られた

いつの世にも忍ぶ恋の暗い炎を燃え上がらせる男と女はいるもので、江戸の町で2人が向かうは不忍池。池之端や弁天島には燃えたぎる情念を満たしてくれる出会茶屋があった。もとより観光名所として賑わうこの界隈、人混みに紛れて茶屋を訪ねるのはいとも容易い。利用は金一分（約1万円）と高額だが、恋は盲目、ひとときの逢瀬はゼニカネの問題ではなかった。茶と煙草盆を入り口で受け取り案内なしに畳の上に。出てきた料理に手も付けず、気が済むまで濃厚な時を過ごした。そして帰りは目立たぬようにいくつかの出口から別々に帰路につく。普通の茶屋も軒を連ねているから、不審がられることもなかった。そんな男と女の秘密の名所が不忍池であった。

四章

冬 の 作 法

旧暦 ▷ 10月〜12月

新暦 ▷ 12月〜翌2月

江戸時代の冬は現在よりも寒く、記録によれば隅田川が
凍ってしまった年もあったそうだ。「小氷期」と呼ばれ、
14世紀半ばから19世紀の半ばまでの、特に江戸中期は
特段の寒さであった。ヒーターもコートもない時代、人々
はそれでも寒さの中で季節のイベントや祭礼を楽しんで
生きていた。

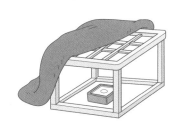

武士が先で庶民は後！
暖房器具の使用には順番があった

該当する人々 ▷ | 町人 | 農民 | 武家 | 皇家 | その他

該当する時代 ▷ | 江戸前期 | 江戸中期 | 江戸後期

 **庶民は家でぼた餅を食べ、
こたつ、火鉢を使いだす**

　旧暦の神無月は現在の10月下旬から12月上旬にあたり、日に日に寒さがつのる時季であった。

　江戸城では10月1日に「玄猪御祝」という行事が執り行われ、夕七つ半（午後5時）に親藩・譜代のほか外様大名の一部が城に登り、将軍より餅を下賜される。亥子餅と呼ばれたこの餅は、多産の猪にあやかり子孫繁栄の願いを込めたものである。

　将軍が諸侯に下賜する儀式は「手カチン」という。これは朝廷の女房言葉で餅を表す「搗飯」が転訛したもので、将軍みずから手渡しで諸侯に餅を渡すことから「手カチン」と呼ばれた。

　夜の行事なので城内では篝火が焚かれ、神妙かつ静粛な雰囲気の中、儀式は進められた。登城しない武士たちの家でも紅白の餅を食べたという。武家にとって子孫を残すのはきわめて重要

だったことから、「玄猪の儀」はとても大切に扱われたのだ。

　一方、庶民の間では、五穀豊穣を神に感謝してぼた餅を作り、家族で食べたり近所に配ったりした。

　また、この日から暖房具であるこたつや火鉢、囲炉裏を使い始めることが許されたため、「こたつ開き」とも呼ばれていた。つまりそれまでは暖房具の使用が禁じられていたのである。

　現代も一般家庭で愛されているこたつの起源は古く、室町時代にまでさかのぼる。その頃は火力を落とした囲炉裏に灰を落として、その上に衣服を被せて使っていたという。その後、床の一部を掘り下げて低い位置に囲炉裏を設置する、現代にも残る「掘りごたつ」が考案された。

　江戸中期には、木製の枠の中に火鉢を入れて布団をかけた「置きこたつ」が生まれた。可動式の便利な形で、江戸の家庭に一般的に普及していたのはこの形のこたつだったようだ。

江戸時代の防寒具

江戸っ子もこたつでぬくぬく

今より建物や衣服の防寒性が低かった江戸時代、あたたかさを求めた庶民たちにとって暖房器具は必須アイテムだった。

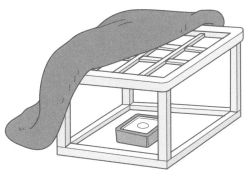

置きこたつ
囲炉裏の上に木で作った枠（櫓）をセットして、ふとんで覆って使った。

掘りごたつ
囲炉裏を床より低い位置に置き、床の高さに足場として櫓を置き、その上にさらに高い櫓を組んでふとんで覆う、掘りごたつの形も生まれた。

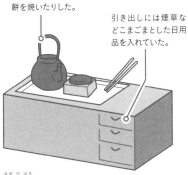

炭火がある場所に鉄瓶を乗せて湯を沸かしたり、網を置いて餅を焼いたりした。

引き出しには煙草などこまごまとした日用品を入れていた。

長火鉢（ながひばち）
火鉢自体は平安時代から存在するが、部屋に置いて防寒に用いるようになったのは江戸時代から。

灰式カイロ
木炭の粉末にナスの茎や桐の灰（燃焼時間を長持ちさせる効果がある）を混ぜて紙で包んだもの。これに火をつけて、金属製のケースに入れて使用した。

飲み放題、食べ放題のお祭り「えびす講」

冬の作法
その二

該当する人々	町人	農民	武家	皇家	その他

該当する時代	江戸前期	江戸中期	江戸後期

 **無礼講のえびす講は
商売繁盛を願う福の神の祭り**

　毎年10月20日は商売の神様であるえびす（恵比寿、夷、戎など）様の祭り「えびす講」が行われた。えびす様は七福神の一人で、釣り上げた鯛を抱え持っていることから、漁業関係者に敬われ、やがて商売人を庇護、商売繁盛を推し進める福の神として崇められるようになった。これは上方からやってきた祭りで、現在も関西では「えべっさん」の愛称で毎年1月9日の宵戎、10日の本戎、11日の残り福が行われている。

　江戸では、関西のようにえびす神社に詣でて町中で祝うのではなく、商人が屋敷に親類縁者、得意客などを招待して、酒やご馳走などを大盤振る舞いすることが多かった。この日の夜は、普段は冷飯に味噌汁と少しの惣菜だけが食事の奉公人たちにもご馳走が振る舞われ、誰もがえびす顔になった。商家のえびす講には、商売人に交じって武士もいれば僧侶も出席した。三味線を鳴らす女や、せり市の真似をして景気づけをする者もいる。無礼講のイベントだったのだ。

　流行り廃りがあるもので、このえびす講は江戸ではやがて廃れてしまう。その代わりとして行われたのが「べったら市」だ。これは現在も10月19・20日に日本橋の宝田恵比寿神社などを中心に開かれている。

　「べったら」とは、大根を砂糖と米麹で漬けた浅漬けで、もともとえびす講の前日から買い物客相手に売られていたもの。えびす講は「鯛」が主役となる祭りであったが、冷蔵庫もない時代、鯛はどうしても生臭くなってしまう。そこに「べったら」の香りが漂うことで、生臭さが幾分マシになったことから「べったら市」が開かれたという。現在も宝田恵比寿神社の「べったら市」では数多くのべったら屋が軒を連ね、大勢の人たちで賑わっている。

えびす講と えびす様

商売繁盛・福の神であるえびす様

10月20日にはえびす講を行うことが通例で、江戸の商家は大いに賑わっていた。

えびす様

七福神の1人で、庶民の信仰が厚い。釣り上げた鯛を抱えている姿から、漁師や海運業者に信仰され、そこから転じて商業・福の神となった。

えびす講の様子　親類・縁者・顧客が大勢招かれた。身分にかかわらず、武士や僧侶が参加することもあった。

食事は食べ飲みし放題！ 鯛の姿焼き、鮭の照り焼きや吸物、お菓子や餅に酒など、みなで食べ飲みしながら大騒ぎをした。

酒飲みの江戸っ子が多すぎて、幕府は生産量を下げさせた

 ## ひとり身の男が多すぎて
江戸では酒造りが制限された

今でこそ日本各地でうまい地酒が造られているが、江戸時代の酒といえば京都伏見か大阪池田・伊丹、そして「灘の生一本」という名称で名高い兵庫灘の酒である。上方で造られた酒は菱垣廻船や樽廻船で江戸へ運ばれて来る。船の中で酒が揺れ、味が練れて美酒になるといわれ、富士山を眺めながら運搬されることから「富士見酒」と呼ばれた。そうして上方から江戸に来る「下り酒」は、11月頃に江戸に到着する。初物好きの江戸っ子はその年初めて到来する船を「新酒番船」と呼んで歓迎した。

酒を飲むのは、夫婦者なら仕事を終えて家に帰ってから、女房が作った酒肴で貧乏徳利（酒屋で1升以下の酒を売る際に使われた徳利）から盃に注いで飲む。常温酒が圧倒的に多かったが、料理屋などでは冬になると熱燗も出した。独身の男などは、仕事帰りの路地などで障子に「酒さかな」と書かれた居酒屋に立ち寄った。麻縄をよった縄のれんが垂れていて、隙間から店の様子がうかがえるので、ついふらりと入ってしまうのだろう。また、天秤棒で酒と肴を担いで回る「燗酒屋」もいて、往来の辻などで酒を楽しんだ。

当時の酒は、「片白」と呼ばれる濁酒が多く、澄んだ清酒は「諸白」と呼ばれ貴重なものであった。清酒は江戸っ子たちに大いに受け入れられ、よい水が出なかった江戸市中では、酒で喉を潤し酩酊する者が多くなった。

そこで、三代将軍家光は寛永19年（1642）、酒の醸造量を前年の半分に抑え、酒造業者の新規参入を禁じる命を発した。それでも酒の需要が落ち込むことはなく、江戸近郊で造られた酒は一升で2〜40文であったのに対し、伊丹の酒は80文、池田の特上酒は132文もの値であるにもかかわらず、大いに売れたという。

西から
運ばれて来る酒

酒の人気どころは灘・伊丹・池田

江戸時代初頭は江戸から近い伊豆の酒がよく飲まれたが、やがて西から運ばれて来る酒が大流行するようになった。

酒が運ばれる航路

江戸周辺の酒
江戸近辺ではまだそこまで醸造技術が発達しておらず、どぶろくに近いものだった。

西で作られた酒
洗練された味の清酒で、諸白と呼ばれてもてはやされた。

灘　伊丹　池田

酒は樽に詰められ、太平洋側を経由して太平洋をわたり江戸へ向かう航路で運ばれていった。特に灘の酒は評判がよく、運ばれる間に揺られて味が練れ、おいしくなるといわれた。

輸送に使われた船

樽廻船
上方〜江戸間の貨物を輸送した定期船。主な積み荷が樽詰めの酒であったためこの名で呼ばれた。酒は、初期は菱垣廻船（上方〜江戸間の定期船のひとつ）にほかの荷物と一緒に乗せられていたが、速さと安値を強みとする樽廻船がやがて菱垣廻船を圧倒した。

111

人気のあった酒

上方の酒は諸白と呼ばれ大人気！

古来のにごり酒とは違い澄んだ色の清酒は、酒が大好きな江戸庶民にもとても愛された。

剣菱
濃厚な味わいとキレのある口当たりが特徴な、500年製造当初の味を守る酒。

白雪

明治29年(1896)にはシカゴ万博に出品され金碑を受賞している。

老松

江戸幕府御用達の酒屋の中でも最も格式が高く、宮中への奉納酒にも用いられた。

伊丹
現在の兵庫県伊丹市。伊丹酒は将軍の御膳酒にも選ばれた。

満願寺
池田の酒の始祖と呼ばれる歴史を持つが、18世紀には衰退してしまう。

李白

鍵屋という蔵元の酒。

一鱗

満願寺と並ぶ池田2代蔵元・大和屋の酒。

池田
現在の大阪府池田市。伊丹と並び称される質を誇っていた。

正宗

正宗の名が清酒の代名詞として一般化するほど大人気だった。

白鶴
1743年(寛保3)に創業し、白鶴錦という酒用の米を生み出した。

沢の鶴

享保2年(1717)に創業し、米だけの酒・純米酒にこだわる。

灘
現在の兵庫県神戸市灘区〜西宮市。輸送体制の強化などにより、江戸時代後期には江戸の酒需要の8割を満たしたという。

行事FILE

現在でも見かける酒屋のマーク

杉葉を束ねて丸くした「酒林(さかばやし)」は、酒屋のトレードマークだ。杉玉(すぎだま)とも呼ぶ。これを店の軒先に吊るして看板としていた。

江戸っ子の酒の飲み方

基本は常温で、飲み方さまざま

江戸では、常温で飲むのが基本。それでも寒い時には熱燗にして飲んでいた。

容器

一升徳利
樽に詰められて店まで卸された酒を詰め直す、一升入りの壺。各家庭でも同様にこの焼き物に入れていた。

二勺盃
江戸時代には一升が入る大盃から、二〜三勺ほどの小さな盃で飲むのが主流になった。

ぐい呑み
次第に、盃ではなく陶器製のお猪口やぐい呑みが使われるようになった。

飲み方

銅壺
銅でできた壺。火鉢にかけて温めた。

ちろり
ここに酒を入れて、火鉢の銅壺に入れて温めた。

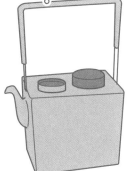

熱燗
冷酒が一般的であったが、容器を人肌に温めて飲むことが料理屋や中流家庭で流行した。

みりん1
焼酎1

ほんなおし
夏の暑い頃に暑気払いとして親しまれた。みりんと焼酎を1：1で混ぜた、甘い酒。

油を使う冬は、
毎日のように火災が起きた

該当する
人々 ▷ | 町人 | 農民 | 武家 | 皇家 | その他 |

該当する
時代 ▷ | 江戸前期 | 江戸中期 | 江戸後期 |

 ## 命懸けで火を消す男の姿には
江戸っ子の心意気が漲っていた

　江戸の町は木造の建物がひしめくように建てられていたため、一旦火の手が上がると瞬く間に延焼した。特に蝋燭や菜種油の行灯をよく使う冬には、毎日のように出火があったという。

　幕府はまず、幕府抱えや大名抱え、町抱えの火消役を設けたが、明暦の大火（1657年）で市中の大半が焼き尽くされ、旗本で組織された「定火消」が設置された。だが、その後も火事は頻繁に起こり、享保3年（1718）、町奉行として今も名が残る大岡越前守の肝煎りで町火消の制度が作られた。各町から2名の、家屋の構造に詳しい鳶職の男が選ばれ、それぞれ組分けされたのだ。これが隅田川以西の「いろは四七組」（のちに四八組）と以東の「本所・深川一六組」である。

　火消人はそれぞれの組の文字を入れた袢纏を身に着け、いざ火事が起こると武家地では板木、庶民の町では半鐘を鳴らす。現場では、水を浴びた纏持ちが屋根に登って纏を立て、火元を知らせると同時に、この組がこの火事を仕切るという宣言をする。「ここに纏を立てたからには、ここから先に火は一歩たりとも進ませねえ！」という心意気の表れでもある。しかし、心意気が走りすぎ、組同士で火消場所の取り合いをして喧嘩沙汰もよく起きたという。

　屋根に登る梯子は木よりは燃えにくい竹製で、21尺（6.9m）あり、屋根に立てかけず、梯子の四方から鳶口を引っ掛けて直立させた。他の火消たちは鳶口を持ち、延焼を食い止めるため家を壊した。龍吐水という消火水も用いられた。長方形の木箱に水を溜め、中央につけられた柄を2人で交互に上下させて水に圧をかけ、筒状の部分から放水するというものだ。しかし、常に貯水のために水を補給しなければならず、大変な手間がかかる割に大量の水は放出できなかった。

火消しの装い

粋でいなせな江戸の消防団

江戸時代の消防団・火消は、江戸っ子らしく粋で勇ましさをあわせ持ち、江戸の華と呼ばれる存在だった。

装い

纏持ち

火事場で足場を確保して纏を立てる者。ここから先には延焼させないという責任を持って、どれだけ火の粉が降りかかろうと踏みとどまった。

纏

戦場で武将の存在を表す馬印をもとに、町火消のシンボル、各組の旗印として取り入れられた。白黒の2色で統一されている。

頭巾

火から顔や頭を守るために頭巾を被った。

鳶口

延焼を食い止めるために火元の周りの家を壊すのに使用したり、梯子の四方から鳶口をひっかけて立てるために使用したりした。

刺子長絆纏

刺子とは布地に糸で模様を縫い込む技法。細かく刺し縫いするので非常に丈夫で、火事装束に使われた。

出動時の体制

ほかの町との間でのいざこざが起きるのを避けるために、組だけでなく名主や家主も出動した。

平人
一般的な火消たち。

町の名主
名主とは江戸時代の町・村役人。火事の際は先頭に立つ。

家主
土地家屋の所有者。組の絆纏をつけて引率する。

頭
町火消たちを統率するリーダー。

纏持ち
消火活動の目印となる纏を持つ。

梯子持ち
火災現場で使う梯子を持ち運ぶ。

115

七五三で売られている
千歳飴のルーツは江戸時代

 ## 七五三の儀式は
庶民たちに定着した

明治11年（1878）に当時の日本各地を取材したイザベル・バードの『日本奥地紀行』に、自分の子どもをこれほど可愛がる親たちを私はこれまで見たことがない……と驚きをもって書き記されている一文がある。それ以前、江戸時代中頃の天下泰平の時期から、庶民の間で子どもたちを着飾らせて宮参りをする風習は盛んだった。

5歳になった男児に袴を着せて神社の産土神（生まれた土地の守り神）に詣でる「袴着の祝い」は、元来、公家や武家の習慣として行われていたもの。徳川綱吉の長男・徳松の健康を願って始まったとされる。おもに関東圏の各地で広く行われたが、やがて京や大坂にも伝わり、全国的に行われる儀式となった。

江戸中期になると庶民の暮らしにもゆとりが生まれ、商家や職人の家など

でも行われるようになる。毎年11月になると商家などでは母親が中心となり、叔母や乳母、奉公人たち、出入りの職人、革羽織を着せたお抱え鳶を引き連れて神社に詣でて、子供の健やかな成長を願う。

神社では長寿を願う千歳飴を買うが、これは、子どもの生存率が高くなかったため、長く生きて欲しいとの願いが込められたもの。浅草の飴売りが作ったといわれている。

男児女児とも3歳では髪置、女児7歳の帯解とあわせて、現代にも続く七五三のお祝いのルーツである。参拝後は親類の家々を回って挨拶をし、夜になれば知り合いや近所の人を集めてお披露目の宴が持たれた。

当初は11月の吉日を選んで個別に行われていたようだが、やがて、参拝する日が11月15日と定められた。この日は江戸市中の往来に優雅で色鮮やかな衣裳を身に着けた一群があふれ、冬の風物詩となった。

江戸時代の 七五三

子どもの成長を喜ぶ儀式

医療が未発達なこともあり子どもの死亡率が高かったため、節目の年には盛大にその子の成長を祝った。

3歳

髪置きの儀

髪を伸ばし始めることを祝う儀式。赤ん坊から幼児に成長することができたお祝いで、子どもの健康と長寿を願って行われた。昔は3歳になるまでは男の子も女の子も髪を剃っていることが一般的で、11月の吉日から髪を伸ばし始めた。

5歳

袴着の儀

男の子に初めて袴をはかせる儀式。幼児から男児へ成長できたことを祝う。子どもを吉の方角に向い碁盤の上に立たせて、左の足から袴を着せた。氏神に詣でて、親戚・知人宅を訪れたり、自宅に人を招いて宴を開いたりして祝った。

7歳

帯解きの儀

今まで幼児用のひも付きの着物を着ていた女の子に、初めてしっかりと帯結びをした着付けをする儀式。幼児から女児へ成長することができたことを祝う。この時から、着物着用時に子ども用の補助具であるつけ紐を使うことはなくなる。

酉の市で熊手が売られているのは、江戸っ子の洒落だった

該当する人々	町人	農民	武家	皇家	その他

該当する時代	江戸前期	江戸中期	江戸後期

激しい値切り対決が楽しい江戸の冬の風物詩「酉の市」

11月の酉の日に開かれる酉の市は「おとりさま」と呼ばれ、江戸の頃より定番の行事であった。もとは、南足立郡花又村（現在の足立区花畑）の大鷲大明神別当正覚院の祭りで、鶏を献上することで商売繁盛、開運祈願としたことに由来している。

この界隈は江戸から3里、田園地帯が広がる鄙地であったが、酉の市には「往人還人引きもきらず」（『遊歴雑記』）というほど大いに賑わった。やがて酉の市は江戸市中各所に広がっていく。

江戸後期になると、浅草下谷の鷲大明神・別当長國寺の酉の市に人気が集まる。この近辺には、人形町から移ってきた吉原遊郭があり、酉の市に詣でた後に遊びに行く客が多かった。そのため遊郭では普段開門しない神社寄りの門を開放したという。

祖となった大鷲神社を上酉や本酉と呼び、千住の勝専寺（現在は市を廃止）を中酉、浅草鷲神社長國寺は下酉、新酉と称し、江戸時代はこの3カ所でのみ酉の市が行われていた。

酉の市といえば熊手であるが、これは「福を取り込む」に引っ掛けた洒落で、熊手には宝船、小判、米俵、鯛、鶴亀、大黒天、だるま、招き猫などの飾り物を付ける。買う人の商売によって、飲食関係なら米俵や鯛、事業家なら転んでも立ち上がるだるまといった具合に選ぶ。金運招来を願うなら、宝船や小判だ。また、熊手を買い求める際に値切り対決をするのも楽しみのひとつ。まずは威勢のいい掛け声とともに迎えられ、こちらの希望する値を言う。激しく値切り交渉をし、店側に「まけた！」と言わせるまでがひとくだり。支払う段になって、客は値引いた分を「ご祝儀だ」と言って渡すのが粋なところだ。家までの道、熊手は正面高く掲げて歩く。より多くの福を呼び込むための縁起かつぎである。

酉の市の マストアイテム

年末アイテムは酉の市でそろえる

熊手は本来掃除用具のひとつだったが、「福を取り込む」として縁起物として数えられるようになった。

熊手

「福を取り込む」から転じて縁起物に。さまざまな縁起物をてんこ盛りに飾って売られている。

小判

金色の小判をかたどったもの。商売繁盛を祈る。

おかめの面

「おたふく（＝お多福）」とも呼ばれ、福を多く招く。

米俵

五穀豊穣の象徴。重ねると、家内安全、商売繁盛なども表す。

宝船

米俵や宝物、七福神などおめでたいものをたくさん乗せた帆掛け船。

鶴亀

長寿の象徴。

大黒天

七福神の一柱。福徳の神。

八つ頭

サトイモの品種のひとつ。「人の頭に立つ」として、誕生の縁起物とされたり、ひとつのイモから多くの芽が出ることから子宝の縁起物とされたりした。

ほうき　　むしろ

日用品

縁起物だけでなく、ほうきやむしろなど、年末に必要になる日用品や正月道具なども多く売られていた。

神無月

霜月

師走

119

| 冬の作法
その七 | | 寺社の再建費を捻出するために
幕府は相撲を認めた |

| 該当する
人々 ▷ | 町人 | 農民 | 武家 | 皇家 | その他 | 該当する
時代 ▷ | 江戸前期 | 江戸中期 | 江戸後期 |

 **幕府が禁じても庶民の
圧倒的な指示により開催！**

寺や神社は建物などの維持管理に多くの費用が必要で、もともと相撲大会はそれを捻出するために開かれていた。京をはじめ大坂など寺社仏閣が多い地域で開催されたが、江戸幕府成立後、相撲興行は浪人や侠客が介入して風紀を乱すという理由で禁止される。

しかし、庶民の間で相撲人気は広く浸透していて、その熱気に押されるように貞享元年（1684）、深川の富岡八幡宮で勧進相撲が許可された。その背景には、明暦の大火（1657年）で町の大半が焼け落ち、幕府が深川本所地区の開発を進めたこと、力士たちの生活が困窮し狼藉を働く者が出てきたこと、そして富岡八幡宮の社殿が焼失したことなどの理由があった。

その後、幕府公認ということで勧進相撲は再開され、富岡八幡宮をはじめ本所の回向院、湯島天神などで開催さ

れた。やがて、天保年間（1830～1844年）になると江戸大相撲はもっぱら回向院で開かれるようになり、春と秋2回の興行で、明治42年（1909）に旧両国国技館ができるまで76年も続くことになる。ここでは、今も歴史に名が残る谷風や雷電などが活躍した。

ただ、この当時の相撲を女性は見物できず、その禁が解かれたのは明治時代になってからであった。

また、相撲を生業とする力士という職業が確立されたのも江戸時代。さらに、それまで見物人が周囲を取り囲む「人方屋」で相撲は行われていたが、諍いが多かったことから、現在の形と同じ土俵が造られたのもこの頃である。

相撲は各大名家にも人気で、召し抱えられたご当家の力士が勝つと家名が上がるため、白熱した勝負がくり広げられた。番付表が木版印刷されるようになると、人々は競ってこれを手に入れようとし、写楽や十返舎一九の描く相撲絵も飛ぶように売れた。

相撲の会場

庶民は土俵際から観戦

歌舞伎・吉原に並ぶ三大娯楽として人気を集めた相撲は当時、女人禁制。血気盛んな男ばかりの場内は熱気にあふれた。

桟敷席

一段高く作られた板敷きの見物席。相撲茶屋（見物人に座席を売り、みやげ物や飲食物を提供する組織）によって座席が売られていた。

力士

江戸時代中期には職業としての力士の存在が確立し、大名に召し抱えられるようになった。

土俵

土俵は17世紀末に登場し、それまでは存在していなかった。元禄年間(1688〜1704年)に円形に統一され、現在の土俵の原型が出来上がった。土俵は当時は柱の外側にあった。

土間席

土俵のすぐそばの席。当時は土俵に近い土間席より、相撲茶屋を介して手配された桟敷席のほうが高額だった。

<table>
<tr><td>冬の作法
その八</td><td colspan="2">朝4時起床で席取りも当たり前！
芝居は最高のエンターテインメント</td></tr>
</table>

該当する人々 ▷	町人	農民	武家	皇家	その他

該当する時代	江戸前期	江戸中期	江戸後期

 顔見世興行に江戸中が熱狂
歌舞伎は江戸最高の娯楽

　江戸三座である中村座、市村座、森田座の恒例顔見世興行は11月1日に幕を開ける。この日は夜八ツ（午前2時頃）から出入口でその日の配役が発表され、まず大きな歓声が上がる。午前4時頃に一番太鼓、そして二番太鼓が打たれると歓声はどよめきに変わる。庶民にとって顔見世興行は年に一度、冬の風物詩として欠かすことのできない一大イベントだった。

　芝居見物当日、裕福な人は事前によい席を予約できたが、庶民はそうはいかない。一般席である平土間の中でも少しでもよい席を確保するため、明け方から支度をしたり、前日から芝居小屋近くの茶屋に泊まったりしていた。特に、女性は朝七つ（午前4時頃）には起き、化粧と着替えに時間をかけるのだった。午前4時に開場し、暮七ツ（午後5時頃）に終了するので、芝居見物は1日がかりのイベントなのである。

　何本もの出し物が演じられるため、舞台装置の転換には時間がかかる。その幕間に客たちは酒や茶を飲み、弁当を食べた。これらを俗に「かべす」という。菓子・弁当・寿司の頭文字を省略したものだ。弁当は幕の内弁当で、握り飯、卵焼き、蒲鉾、焼豆腐、干瓢などが6寸（約18cm）の重箱に入っていた。

　そもそも歌舞伎は上方で始まったものだが、寛永元年（1624）に猿若（中村）勘三郎の座ができたことで瞬く間に江戸っ子のハートを射止め、幕府から許可を得て興行が打たれた。時が流れ、天保12年（1841）、中村・市村両座が火災で焼け落ちたことで、天保の改革を推し進めた老中・水野忠邦は風紀の乱れを理由に江戸三座の取り潰しを考えた。それをくい止めたのが名奉行・遠山金四郎であった。金四郎は三座を浅草猿若町に集めることで芝居町を作ったのである。

歌舞伎の舞台と客席

飲食もおしゃべりも自由な江戸の観劇形式

特等席で高みの見物をする武家から、最安席で自前の握り飯を食べながら楽しむ庶民まで、各々の席から楽しんだ。

桟敷（さじき）
古代・中世から続く、一段高く設けた特等席。歌舞伎の客席では、江戸中期から、上桟敷と下桟敷に分かれた。

羅漢台（らかんだい）
舞台を裏側から見る最安値の席。並んだ客が五百羅漢像（ごひゃくらかんぞう）のように見えることから羅漢台の名がついた。

吉野（よしの）
羅漢台の上に設置された桟敷席。羅漢台と並ぶ最下級の客席で、町民や庶民に人気があった。通天ともいう。

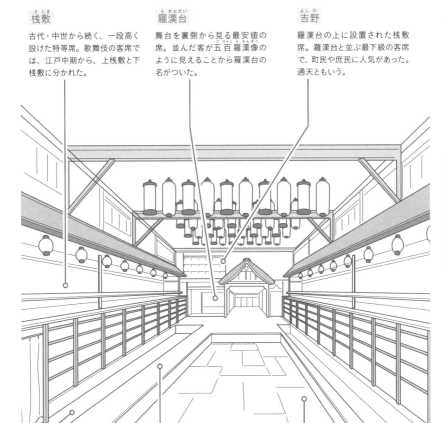

高土間（たかどま）
享和2年(1802)、中村座の改築に伴い、下桟敷の前に土間よりも一段高く設置された高級席。

花道（はなみち）
舞台下手から客席へ張り出した通路。享保期には常設の舞台機構として一般化し、人物の登壇場に用いるほか、「歩く芸」を魅せる場としての機能を持った。

平土間（ひらどま）
舞台正面下に位置する、枡（ます）で仕切られた一般席。高土間と区別して、平土間と呼ばれた。

歌舞伎と食べ物

座席でぱくぱく…観劇の楽しみ

芝居は1日に何種類か演じられるため、舞台変更の幕間が長かった。その時間に観客は座席で酒や食べ物を楽しんだ。

かべすとは？

平土間（ひらどま）で観劇するような一般客は、上等な席の手配などを請け負っていた芝居茶屋には立ち寄らなかったが、茶屋から菓子、弁当、寿司だけは取り寄せた。この頭文字をとって「かべす」と呼び、そのような質素な客を「かべすの客」を呼んだ。

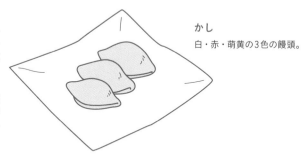

かし
白・赤・萌黄の3色の饅頭。

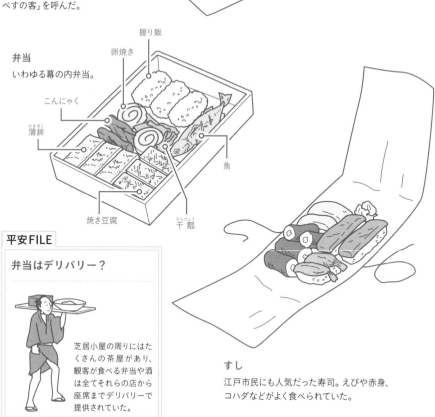

弁当
いわゆる幕の内弁当。

- 握り飯
- 卵焼き
- こんにゃく
- 蒲鉾（かまぼこ）
- 魚
- 焼き豆腐
- 干瓢（かんぴょう）

すし
江戸市民にも人気だった寿司。えびや赤身、コハダなどがよく食べられていた。

平安FILE

弁当はデリバリー？

芝居小屋の周りにはたくさんの茶屋があり、観客が食べる弁当や酒は全てそれらの店から座席までデリバリーで提供されていた。

歌舞伎の種類

江戸歌舞伎と上方歌舞伎

それぞれの花形役者を中心にして、歌舞伎は関東と関西で
独自の発展を遂げて、人々を熱狂させていた。

荒事（あらごと）

初代・市川團十郎によって確立された。
敵討ちの話や武士ものなど、勇猛で荒々
しく豪傑が戦って活躍する作品。大きく見
得を切り、大股で派手に花道を駆け抜け
るような演出が好まれた。

市川團十郎（いちかわだんじゅうろう）

荒事の創始者。現代まで続く成
田屋の初代。江戸元禄期の名
優として坂田藤十郎と並び称さ
れた。動機は不明だが、同じ歌
舞伎役者の生島半六に舞台上
で刺殺される。

和事（わごと）

初代・坂田藤十郎によって確立された。遊
女の悲恋ものや心中ものなど、人間の繊細
な情愛を描いた作品。登場する男性も物腰
柔らかく上品なイメージなものが好まれた。

坂田藤十郎（さかたとうじゅうろう）

和事の創始者。市川團十郎に並
び称される名優。「曽根崎心中」
（そねざきしんじゅう）
などで知られる近松門左衛門と
（ちかまつもんざえもん）
提携することで、歌舞伎を会話
中心の写実劇に発展させた。

125

<table>
<tr><td>冬の作法
その九</td><td colspan="2">おすすめのおみやげは桜餅！
冬がお江戸の観光シーズン</td></tr>
</table>

該当する 人々 ▷	町人	農民	武家	皇家	その他	該当する 時代 ▷	江戸前期	江戸中期	江戸後期

 **伊勢参りの途中に寄る人が多く
最新流行のグッズをみやげ物に**

　米の収穫期が終わり、地方の人々が移動できるようになると、出稼ぎに来る人や、伊勢参りの途中で「一度は花のお江戸を訪ねてみっか」とばかりに大都会を見物する者で、江戸は大いに賑わっていた。

　江戸観光の人々に人気のスポットは、徳川家の菩提寺である増上寺、大名行列を見るための江戸城、愛宕山、深川八幡、浅草寺といった寺社で、とりわけ人気が高かったのが赤穂浪士の墓がある泉岳寺であった。赤穂浪士の物語が芝居などを通じて全国各地に知れ渡っていたため、主君の無念を晴らした彼らに共感する人々がとても多かったのだ。

　また、旅行者は重い荷物を背負っていくわけにはいかないので、おみやげには故郷で入手困難で、軽いものが好まれた。その点、浮世絵はかけ蕎麦2杯程度の値で買えるお手頃価格の一品であった。芝居小屋に出かけて当世人気の歌舞伎、人形浄瑠璃を観劇した後、地本問屋で浮世絵などを購入した。また、浅草雷門近くで売られていた浅草海苔も人気のみやげ品だった。

　双六も人気商品である。「新版御府内流行名物案内雙六」は、江戸の名物、最新グルメガイドが扱われていて、現在も営業している酒店「豊島屋本店」や、茶と海苔を扱う「山本山」などが描かれている。

　桜の葉を塩漬けにして餅を包んだ長命寺の桜餅も、今と同様にみやげ物として人気があった。意外なみやげ物としては、野菜の種子が挙げられる。もとより農業を生業とする人々は、江戸の野菜を故郷でも育てたいと思ったのであろう。特に、板橋の清水村で作られていた清水夏大根の種子はよく売れた。軽くてめずらしいみやげ物を背負って、彼らは伊勢参りの街道や帰路と進んでいったのである。

126

人気の 江戸スポット

江戸に来たらここに行くべし！

関東の文化の中心地であった江戸は、訪れる観光客も多く、
人気スポットもたくさんあった。

有名社寺

愛宕山（港区）、浅草寺（台東区）、深川八幡（江東区）などの有名社寺は観光客に大人気。特に、芝居が日本全国で人気を博した「赤穂浪士」の墓があることで有名な泉岳寺は一番人気で、江戸に来たら必ず赤穂浪士の墓を訪れるべきといわれるほどだった。

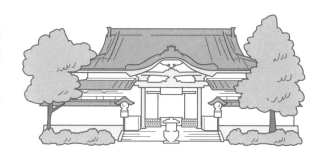

芝居小屋

芝居小屋で歌舞伎や人形浄瑠璃を楽しむことも江戸の醍醐味のひとつだった。元禄年間（1688〜1704年）には、猿若座（日本橋人形町）、市村座（日本橋人形町）、森田座（銀座）、山村座（銀座）の4つが存在していた。

呉服屋

呉服屋とは織物や反物を商う店のこと。現在の日本橋あたりにあった越後屋、大丸、白木屋などが人気で、20世紀になっても百貨店として形を変えて生き残っている店もある。

冬の作法 その十

大掃除の最後は、胴上げで締めるのがお約束

該当する人々 ▷	町人	農民	武家	皇家	その他

該当する時代 ▷	江戸前期	江戸中期	江戸後期

 大掃除が終わった夜は遊びに出かけても大目に見られた

師走に入って10日経った頃から江戸の町に「御厄払いましょ、厄落し〜」という声が響く。煤竹を売る商人の売り声で、大掃除に必要な煤を払う用に葉を残した竹竿を売り歩いているのである。江戸では12月13日にこの煤竹を使って大掃除が行われた。由来は室町時代、京の都に登場したという「芸商人」。納豆や豆腐、風鈴、浅蜊、金魚売りなど江戸の町には年中、物売りの声が響いていた。

もともと江戸城大奥では、寛永17年（1640）以降、13日が大掃除の日と定められていて、それ以前から各所の掃除が始められ、この日に正室の御在所が掃除されて総仕上げとなるならわしだ。大奥では煤竹は使われず、鳥の羽を用いた「天井払い」が使われたという。そして掃除が終了すると「納の祝い」という宴となり、里芋、大根、ごぼ

う、人参、焼き豆腐、田作、塩鮭の切り身などとともに酒が振る舞われ、奥女中たちが「めでためでたの若松様よ〜」と歌いながら仲間を胴上げするという不思議な風習があった。厄年の者を厄落としのために胴上げする風習は各地に見られるが、煤竹売りが「御厄払いましょ、厄落とし」と口上で述べていることから、煤払いと厄落としを掛けて胴上げしたのではと考えられる。

この胴上げは庶民の間にも伝わり広がったようで、町でも大掃除が終わると蕎麦や鯨汁とともに酒が提供され、その家の主人などが胴上げされた。

この夜、商家などでは奉公人にも酒が出され、早寝することが許された。若い丁稚はすぐに寝床に入ったが、年かさの店員などは夜の町へ遊びに出かけ、この夜ばかりは主人も多少の無礼講は許したという。こうしてきれいに掃き清められた家となり、後は正月の品々を買い求める歳の市を待つばかりとなる。

128

江戸の大掃除

年末は大忙し！ 掃除は家中総動員

掃除機もルンバも存在していない江戸時代。掃除は大人数を動員して行う一大イベントだった。

畳干し

畳を上げて道端に積み上げ、カビないように干していた。畳は江戸時代後半には庶民の暮らしにも取り入れられていった。長屋の畳は部屋の備え付けではなく店子の私物で、それぞれ長持ちさせるために手入れを欠かさなかった。

ほうきかけ

ほうきは畳と相性がよく、サッと掃き出しやすいため重宝されていた。ほうき売りという職業もあり、庶民の掃除の必需品であった。

棚の片づけ

棚の上のものや家財道具も全て片づけて、拭き掃除などを行っていた。

煤払い

煤竹とは、先っぽの葉だけ残した竹のことで、これを使って高い所の煤やほこりを払う。12月10日頃から煤竹を売る商人が町中を回って煤竹を売る。

No 餅、No 年の瀬！
餅は年末のマストアイテムだった

該当する人々 ▷	町人	農民	武家	皇家	その他

該当する時代 ▷	江戸前期	江戸中期	江戸後期

 ### 威勢のいい声が響く
「引きづり餅」で景気づけ

　年の瀬半ばを過ぎた頃になると、江戸の町の路地や辻から威勢のいい餅つきの声が聞こえてくる。29日は「九」が「苦」に通じ、大晦日につくと1晩でついた「一夜餅（＝ついたその日に餅を飾ること）」になるといって縁起が悪いため、餅をつかなかった。

　餅つきが男の仕事であったのは元禄時代までで、安永・天明年間（1772〜1789年）になると、男が杵でつき、女が餅をこねる役割分担が定着した。もっとも、餅をつき、角餅に切るのは奉公人が多い富裕の商家などで、一般庶民は「賃餅」といって、町の餅菓子屋に依頼してついてもらった。

　とはいえ、餅菓子屋も正月の菓子づくりに忙しくなるため断られることも多かった。そんな時は、餅つきに必要な釜、臼、杵、蒸籠、薪など一式を持って歩く鳶職の一団に依頼して、家の前で餅をついてもらうこともあった。これを「引きずり餅」と呼んだ。家の前で威勢のいい声が響いて景気づけになるとして、裕福な家も餅つきを依頼したという。

　大晦日になると、歳の市で鏡餅や伸し餅が値引きされて販売された。鏡餅は平安時代からあって、『源氏物語』「初音」の巻に「ここかしこに群れえつつ歯固めの祝ひして、鏡餅をさえ取り寄せて」とあるように、長寿祈願の願いを込めて飾られた。

　その日、民の家では雑煮を作る準備が始まる。すまし汁仕立てで焼いた角餅を入れ、椎茸、蒲鉾、鳴門巻にゆでた小松菜と海苔をのせた雑煮作りのために、食材が買いそろえられた。

　正月三が日は餅を食べて過ごすことが多かったことから、現代人にもよくある話だが飽きてしまう者もいたようで、「飯はよいものと気の付く松の内」などというとても共感の深い川柳が残っている。

餅つきの様子

年末年始の必需品、餅！

12月22日頃から30日までは、連日徹夜で餅つきが行われていたという。また、年越しには餅が欠かせなかった。

江戸は角餅

昔は江戸でも丸餅を食べていたが、人口増加に伴い、一度にたくさん作れるのし餅を切った角餅の形が一般的になったという。

男女のコンビでつく形

元禄年間（1688～1704年）には男同士でつくのが一般的だったが、安永・天明年間（1772～1789年）には、男が杵でつき、女が水を足してひっくり返す形がおなじみになった。

餅の入手方法は4つ

①自分の家でつく　②餅菓子屋などに頼んでついてもらう　③町内の餅をついてくれる人足に注文する　④歳の市で買う…という方法があった。

冬の作法 その十二	旧暦の江戸時代は 大晦日が節分と重なった

| 該当する
人々 ▷ | 町人 | 農民 | 武家 | 皇家 | その他 | | 該当する
時代 ▷ | 江戸前期 | 江戸中期 | 江戸後期 |

 ### 節分に厄祓いをして
大晦日はゆっくり過ごす

　江戸時代は、大晦日に節分の行事が行われることがあった。と言うのも、当時は旧暦（太陰太陽暦）を用いていたためだ。P4〜7で詳しく説明しているが、閏月を置くことと二十四節気を設けた暦である。

　節分とは実は1年に1回ではなく、季節の変わり目の指標となる立春、立夏、立秋、立冬の前日であるとされる。しかし、立春に季節が一巡するため、時代が下るにつれて単に春の節分のみが知られるようになった。明治時代に新暦（太陽暦）が施行して立春は2月に移ったが、旧暦では年末年始にくることが多く、江戸時代には節分が大晦日と重なることもあった。すると月を基準にした暦と、太陽を基準にした二十四節気が同時に年越しを迎えることになり、次第に双方の行事が混ざり合うようになっていった。年越しそば

も本来は節分の日の行事だったのだが、明治時代になり大晦日にそばを食べる習慣を指すようになった。

　節分の日には、柊の枝に焼いた鰯の頭を挿したものを出入口に置き、「鬼は外、福は内」というおなじみのフレーズを言って大豆を撒いた。これは「鬼」という厄を祓うための儀式である。夜には寺社で追儺や厄神祭りが行われる。追儺は悪鬼を祓う宮中行事で豆まきの原型だ。これら厄落としは旧年中に済ませ、新年は新たな気持ちで迎えたいもの。節分が年末にやってくることが多い江戸時代、厄払いは年の瀬の一大イベントだった。

　また、師走に入ると節季候という門付（門前で芸を見せ報酬を受け取る芸能者）が家々を回るが、これも厄払いのひとつだ。数人組が「節季候、節季候」と囃して回り、米や銭を請うた。

　こうして一連の行事を無事に済まし、厄を祓い、江戸の1年は終わりを迎える。

年越しと節分

年越しと節分は同時イベント!?

旧暦を使っていた江戸時代には、節分と年末年始が重なることが少なくなかった。

浅草歳の市

12月には、有名な神社でその年を締めくくる縁日が行われ、歳の市と呼ばれた。ここではしめ飾りや神棚などの正月飾り、羽子板やまりなどの正月に使う玩具、お節料理の食材、火吹き竹やようじなどの日用雑貨など、さまざまなものが売られていた。

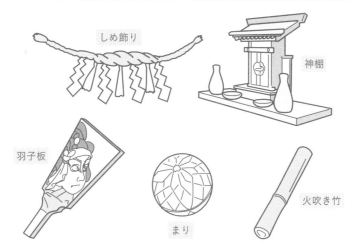

しめ飾り

神棚

羽子板

まり

火吹き竹

節分のイベント

柊（ひいらぎ）の枝に焼いたイワシの頭を刺したものを玄関に置き、厄除けをした。また、邪気を追い払うために、その年の年男が裃（かみしも）をつけて豆を撒き、撒いた豆を拾って自分の年齢と同じ数だけ食べていた。

年男

その年の干支に当たる男性のこと。

133

大江戸行事

年の瀬が訪れるこの時期は、何かと忙しくなるころ。江戸時代も

江戸	主なイベント

朝晩冷え込む 冬の入り口の月

神無月
冬
旧暦10月

紅葉狩り
紅葉の季節。品川の海晏寺(かいあんじ)など人気の名所に見物客が殺到した。

べったら市
えびす講の前夜に大伝馬町(おおでんまちょう)に市が立ち、べったら(大根の麹漬(こうじづけ))が売られた。

えびす講
20日になると、商人たちがえびす神に商売繁盛を祈願する祭りが開かれた。

寒さが厳しく 霜が降りる月

霜月
冬
旧暦11月

鞴祭(ふいごまつり)
8日の行事。鍛冶(かじ)、飾職(かざりしょく)、鋳物師(いもじ)など鞴(ふいご)(風を送り火力を強める器具)を用いる職人たちが鞴を清めて祀る。

七五三
15日は子どもの成長を祝う七五三。男女3歳は髪置(かみおき)、男児5歳は袴着(はかまぎ)、女児7歳は帯解(おびとき)の式を行った。

年の締めくくり 師匠も走る月

師走
冬
旧暦12月

煤払い(すすはらい)
天井や壁にたまった1年分の煤を払う一大行事。

除夜の鐘
仏教寺院では深夜0時をまたいで、煩悩(ぼんのう)の数にあたる108回の鐘をつくことが習い。

旧暦

カレンダー 冬編

現代もイベントややるべきことが**目白押し**！

現代	比較・考察

秋が深まり
街路樹が色づく

10月

秋
10月1日〜10月31日

10月に入ると官公庁や学校で衣替えが行われ、夏服から冬服へと装いを変える。10月31日のハロウィーンは欧米で行われてきた行事だが、日本でも盛大に行われるようになった。

木枯らし吹き
寒さも本格化

11月

秋
11月1日〜11月30日

木枯らしが吹き、季節は秋から冬へと移り変わる。新暦では7日頃に立冬を迎える。七五三のお祝いや、縁起物の熊手を売る酉の市は新暦でも11月の行事。

新暦

行事も目白押し
1年の総決算

12月

冬
12月1日〜12月31日

お歳暮に年賀状書き、冬至（とうじ）のゆず湯にクリスマス。そして大掃除を終えればようやく仕事納めとなる。行事が続く中、師走が慌ただしく過ぎていくのは今も昔も同じ。

「ちちんぷいぷい」は
江戸時代からあるおまじない

河童にキュウリをやれば水難除けになる

　病や災いから逃れるため、神仏の力を借りる「まじない」。漢字で書くと「呪い」で、呪術の一種ともいえる。たとえば母乳の出ない母親が、乳頭に似た橋の擬宝珠（飾り）をなでたり、長っ尻の客を帰したい時に逆さに立てたほうきの先に手拭いを被せたりと、江戸時代は民間信仰として多種多様なまじないが行われていた。河童にあげるため川にキュウリを流すのは水難除けのおまじない。頭痛に悩まされている時は、菖蒲の葉で作った矢を髪の毛に挿すのがよいとされた。よくおまじないとして唱えられる「ちちんぷいぷい」は江戸時代からおなじみ。てるてる坊主もおまじないのひとつで、江戸の人々も雨が上がることを願って軒先に吊していた。

五章

通年イベントの
作法

季節によるものだけではなく、江戸っ子たちは1年を通してさまざまな娯楽に興じていた。見世物小屋や旅行、外食、かわら版などなど、江戸の人々が愛したエンターテインメントを詳しく知れば、彼らの日常もより深く知ることができるだろう。

パチモンあり、ペテンあり！
覗いてビックリの見世物小屋

通年イベント
の作法
その一

該当する人々	町人	農民	武家	皇族	その他

該当する時代	江戸前期	江戸中期	江戸後期

だまされても笑って済ませる それが江戸っ子の心意気

　寺社で祭礼があると、境内には香具師が店を並べて参詣人の興味を引いた。見世物小屋もそのひとつである。展示物は主に３つ——手品・軽業・曲独楽などの曲芸、籠細工・貝細工・人形・からくりといった細工もの、珍獣奇獣・奇形などの天然奇物だ。

　このうち曲芸は、まだまともなほうだった。現代のサーカスに通じる軽業、刀や糸、袖の上で独楽を回す曲独楽、あるいは手品などである。細工ものは外国の人物を題材にした籠細工や、技巧を凝らした生き人形が人気だった。ゾウやラクダ、ヒョウなどの動物も当時はめずらしく、怖いもの見たさに多くの客が列を成したという。

　見世物の中には、客をペテンにかけるものも。世にもめずらしい大アナゴというので木戸銭を払うと、小屋の中には大きな穴。そこに子どもの人形

が横たえて"大穴子"という具合で、シャレにしてもバカバカしいものが多かった。大きな板に血糊を塗りつけた「大イタチ」も同様だ。しかし、それで腹を立てては江戸っ子の名がすたる。だまされたと笑って済ます時代だったのだ。また、花魁姿の女性が体中に蛇をはわせる蛇女など、好き心に訴える淫靡な見世物もあった。

　今も人気のお化け屋敷も見世物小屋の一種である。江戸時代には操り人形のお化けだけでなく、獣の腹を指で破って作りものの臓腑を食らう鬼娘や、竹ひごを組んで紙を貼って色をつけた大蛇の見世物もあった。薄暗い小屋の中では、それで十分客は怖がった。

　見世物小屋が売りとした天然奇物は、奇異な外見で人々の好奇心を刺激したのは確かだとしても、エスカレートすれば人間も対象となる。時代が下るにつれ、そうした特殊な風俗は世情に合わなくなり、見世物小屋は衰退していくことになる。

138

見世物小屋の外観

道行く人々の好奇心をあおる

見世物小屋の入り口では、口上呼びが人々の好奇心を刺激する巧みな呼び込みをしていた。

出し物の看板

小屋で行われている見世物の絵が描かれた看板が出ていた。

神社の境内で行われていた

祭礼が行われる際、神社の境内でこうした見世物小屋が軒を連ねた。安い値段で芸が見物できるため、多くの参詣人が楽しんだが、中には子どもや女性が怖がるような恐ろしい演出もあったという。

質素な小屋での興行

丸太を組んで作られた小屋に、菰（むしろのこと）をかけて行われていた。

呼び込み

口上呼びが入り口で人々を小屋に呼び込んだ。客をだますような呼び込みもあったが、だまされることを楽しんだ側面もあったため罪になることはなかった。

さまざまな見世物芸人

江戸で生まれた大道芸の数々

曲芸や軽演劇などのまじめな見世物をする芸達者もいれば、
客をだますような芸事を見せる者などもいた。

見世物の舞台

見世物芸人

日常では見ないような、めずらしい職人芸や、奇妙な演出で客を楽しませる芸人。恐ろしい芸を見せて、子どもや女性を怖がらせる者も。

口上呼び

前口上として、芸人とともに出てきて芸の紹介をする。

さまざまな見世物芸人

蛇女

体中に蛇をはわせ、最後に陰部に入れる芸を見せた芸人。元遊女だった者が多く、花魁をまねたいでたちだった。

花咲男

梯子屁と呼ばれる、リズミカルに放つおならで江戸の人々をとりこにした曲芸師。付近の見世物小屋がつぶれるほどの人気だった。

鬼娘

獣の腹を手で破り、客の目の前で豪快に臓腑を食べる芸を見せた。実際は鶏の内臓を使ったという。

さまざまな イカサマ見世物

思わず苦笑いの芸も多数

だじゃれや仕掛けで参拝客をだます見世物小屋も。それでも、江戸っ子は懲りることなく芸事を楽しんだ。

だじゃれ

捕れたての河童

「捕れたてのめずらしい河童がいる」と呼び寄せられた先にあるのは、油塗りの雨合羽。江戸っ子たちは、上手いだじゃれにまんまと引っかかった。

大アナゴ

「世にもめずらしい大穴子」と口上呼びが人を呼び込む。しかし、小屋の中に入ると、大きな穴があいていて、中には子どもの人形が。まさに「大きな穴に入った子」。

六尺の大イタチ

「六尺の大イタチを捕まえた」。口上呼びの声につられて中に入ると、雨戸に血糊がついている。「大板の血」を「大イタチ」にかけている。

仕掛け

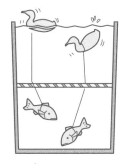

「木で作った鵜が泳ぐ」と客を引き寄せ、その方法が載る紙を買わせる。見ると、実際に水面に浮く木の鵜が泳いでいて、何とも不思議だが、実はその下で泳ぐ鮒に紐づけされているという単純な仕掛け。

通年イベントの作法その二

参拝のついでに観光もしたい！
一石二鳥の江戸トラベル

該当する人々 ▷	町人	農民	武家	皇家	その他

該当する時代 ▷	江戸前期	江戸中期	江戸後期

歩きが基本の江戸の旅
江の島は当時も人気の行楽地

江戸時代は各所に関所を置き、特に江戸に持ち込まれる鉄砲と、江戸から出ていく女性には目を光らせていた。いわゆる「入鉄砲に出女」である。鉄砲の流入阻止は、言うまでもなく反乱に備えるため。出女は、人質としての側面を持つ大名の奥方が、ひそかに国許に逃亡することを防ぐためだ。

このように当時は人や物の移動に制限がかけられており、たとえ庶民でも、旅に出るには町名主（町を支配する役人）に届け出る必要があった。その際、行き先や目的、期間など詳細も添えなければならない。とはいえ何事にも抜け道はあるもの。伊勢参りなど参詣目的の旅であれば、許可を得やすかった。信心深い江戸の人々が本来の目的をなおざりにすることはないが、ひとたび旅に出てしまえば、ついでに温泉や観光を楽しむのは自然な流れだ。

信仰と観光を兼ねた観光地として江戸の人々に人気だったのが2〜3泊で行ける距離にある江の島だ。現在でも小旅行の目的地に最適である。江の島弁財天は、巳年と亥年のほぼ6年ごとにご開帳され、普段は見られない弁財天を拝観することができる。鎌倉や金沢八景、さらには箱根などに足を延ばすことができるのも好都合だった。

期間や場所にもよるが、旅には多くの身の回り品を持っていった。股引・脚絆・草鞋など旅装の基本となるものにはもちろん着替えも必要。日除けの菅笠、風雨除けの合羽類も必需品だった。これに銭入れや扇、薬、提灯、ろうそくなど日用品が加わってけっこうな大荷物になる。それを小さい柳行李に詰めて、肩で前後に振り分けて旅をした。

江戸時代の人は健脚で、1日に7〜15里（約27〜59km）歩いたという。東海道は起点の日本橋から京都の三条大橋まで120里（約470km）以上あるが、当時の人は15日ほどで踏破した。

江戸の旅装束

これが江戸の旅行スタイル

険しい山道もあるため、危険な長旅に備えた装束を身にまとうのが通例だった。

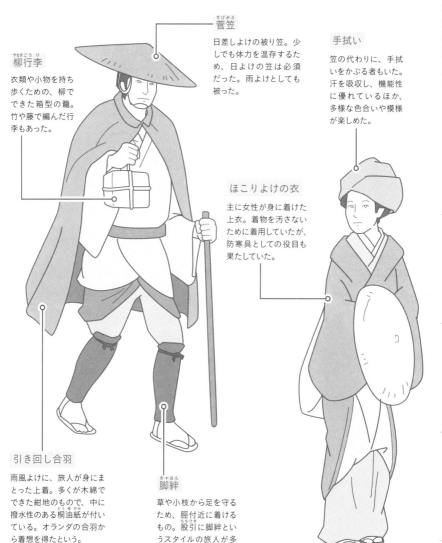

菅笠 (すげがさ)

日差しよけの被り笠。少しでも体力を温存するため、日よけの笠は必須だった。雨よけとしても被った。

手拭い

笠の代わりに、手拭いをかぶる者もいた。汗を吸収し、機能性に優れているほか、多様な色合いや模様が楽しめた。

柳行李 (やなぎごうり)

衣類や小物を持ち歩くための、柳でできた箱型の籠。竹や藤で編んだ行李もあった。

ほこりよけの衣

主に女性が身に着けた上衣。着物を汚さないために着用していたが、防寒具としての役目も果たしていた。

引き回し合羽

雨風よけに、旅人が身にまとった上着。多くが木綿でできた紺地のもので、中に撥水性のある桐油紙 (とうゆがみ) が付いている。オランダの合羽から着想を得たという。

脚絆 (きゃはん)

草や小枝から足を守るため、脛付近に着けるもの。股引に脚絆というスタイルの旅人が多かった。

旅の道具

少数精鋭の旅アイテム

庶民の間で旅が大流行した江戸時代、携帯するのに便利な
旅行アイテムが多数誕生した。

柳行李の中身

行李の中には、替えの衣類のほか、早道や
手帳などの小物を入れて持ち歩いた。軽く
て丈夫な柳行李は機能性に優れ、旅に欠か
せない必需品であった。

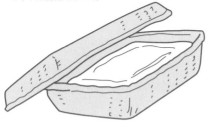

小田原提灯（おだわらちょうちん）

東海道を旅する人が、箱根の夜道
を安全に歩けるよう生まれた提灯。
蛇腹なのでコンパクトに持ち運び
できる。柄はろうそくを収納できる
ようになっていた。

矢立（やたて）

墨入れと筆のセット。現
代でいう万年筆のような
もので、携帯筆記用具と
して重宝された。

早道（はやみち）

小銭入れ。袋状になっている
上部に小銭を詰めこみ、ねじる
とその小銭が出てくる仕組み。
先端が丸く、帯につけても落ち
ないようになっていた。

印籠（いんろう）

薬を入れておく小
箱。根付をつけて
帯に挟み、腰に下
げて携帯した。

煙草入れ

煙草を携帯する専用の袋。キ
セルも収納できるよう筒が付い
ている。腰回りの服飾品として、
個性的なものも多く好まれた。

道中案内図帳

忘れてはいけない旅
の必需品。絵画的
表現も多く、今でい
うガイドブックのよう
な役目も果たした。

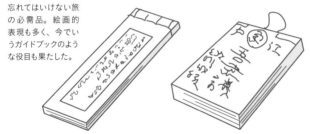

旅の手帳

江戸時代には「道中
記」と名付け、旅の記
録を残す人が多かっ
た。自分の歩いた道
中を綴ったり、旅で出
会った人物やめず
らしい食べ物・おみやげ
などの印象深い出来事
をしたためたりした。

人気の旅行先

今も人気の観光地は江戸時代から

箱根、江の島、伊勢神宮は憧れの旅行先。湯治やお参りだけでなく、グルメや景色も堪能しながらの長旅だった。

箱根温泉

江戸や横浜から行きやすく、また富士山の景色を堪能できる温泉地として、憧れの旅行先であった箱根。驚くべきことに、当時の温泉は男女混浴が当たり前で、湯治を楽しむ庶民の姿に外国人も腰を抜かした。

開帳

普段、一般に公開していない秘仏を特別に拝観させること。たとえば、回向院の善光寺如来の開帳では、当時約100万人と推定される江戸の人口を優に超え、のべ1603万人が参拝したといわれる。

お伊勢参り

江戸の人々の間で一大ブームになっていた、お伊勢参り。参拝後に観光名所をめぐる人も多く長い人では3カ月を要した。伊勢講という組織をつくり、積み立てたお金で代表者が参拝に行く自治体もあった。

江の島

江戸から2泊3日で行ける行楽地とあって、江戸の人々に大人気だった江の島。特に、音楽・福智の女神である弁財天の霊地として有名だったため、芸事をたしなむ女性たちが多く参詣した。

観劇

旅行

色街

趣味嗜好

公共施設

遊び

非公式・非公認の江戸の
人気キャバクラ「岡場所」

 ## 吉原には行けない庶民が
こぞって岡場所に殺到した

　江戸幕府が公認した遊廓が公娼街だ。吉原は江戸唯一の公娼街で、2000～3000人の遊女（娼婦）がいた。ただ、公認なだけに格式が高く、揚げ代（遊女や芸者を呼んで遊ぶ際の料金）もそれなりに値が張る。また、吉原ならではのしきたりも多く、庶民が気安く遊べる場所ではなかったのだ。そこで生まれたのが、私娼を集めた非公認・非合法の色街（遊女屋の集まる場所）「岡場所」である。気軽に行ける男の遊び場という意味では、現代のキャバクラに通じるものがあるかもしれない。

　岡場所の数が増えてそちらに足を向ける者が増えると、吉原もこれを問題視するようになる。吉原の意を受け幕府の取り締まりが厳しくなると、岡場所は取り潰されては復活することをくり返しながら、一部は幕末まで延命する。最盛期には江戸市中に約70カ所

の岡場所があったとされる。

　江戸初期、日本橋を起点に全国に延びる5つの街道が整備され、宿場町が設置された。その起点が品川（東海道）・内藤新宿（甲州街道）・板橋（中山道）・千住（奥州街道・日光街道）の四宿である。その宿場町にも、飯盛女という準公認の遊女を置かれていた。江戸中期の品川は500人もの飯盛り女がいたという。市内からほど近いこともあり、庶民だけでなく武士の利用もあった。

　私娼がいたのは四宿や岡場所といった色街だけではない。夜道で商売をする夜鷹や、重箱を下げて表向き食べ物を売りつつ春も売る提重などもいた。いわゆる街娼である。

　異色なところでは深川の芸者衆がいる。深川が江戸の東南（辰巳）の方角にあるので辰巳芸者と呼ばれ、蔦吉、仇吉などと男名前を名のって「粋」を売り物としていた。この辰巳芸者は春を売る遊女でもあった。

さまざまな色街の職業

取り締まられても依然大人気の遊び場

宿場や岡場所には、幕府が公認していない私娼が多く存在。
幕府公認の吉原より手軽に遊べると人気を集めた。

飯盛女

街道の宿場で旅行者の給仕や雑用をこなしつつ、売春を行っていた私娼。江戸中期、特に品川宿は栄え、500人の飯盛女がいたとされるが、実際にはそれ以上といわれる。

芸者

歌や三味線といった芸を披露し、お座敷の人々を盛り上げる女性。その役目は遊女と明確に分けられ、芸を売る者として認識されていた。

夜鷹

宿場ではなく、夜道で商売を行った私娼のこと。黒い着物に身を包み、頭から被った手拭いの端をくわえるのが、夜鷹の定番のスタイルとして知られていた。

陰間（かげま）

男娼のこと。江戸時代、特に都市部には男色に寛容な地域もあり、陰間が商売を行う陰間茶屋が軒を連ねた。若手役者が副業として陰間茶屋で商売をすることもあった。

147

屋台に居酒屋、高級料亭まで！
バラエティ豊かな江戸の外食事情

該当する
人々 ▷ | 町人 | 農民 | 武家 | 皇家 | その他

該当する
時代 ▷ | 江戸前期 | 江戸中期 | 江戸後期

 ## 独身男性が増えるにつれ
外食のニーズが高まった

　江戸の町に飲食店ができたのは、明暦3年（1657）の明暦の大火以降。参勤交代で赴任してきた諸国の武士をはじめ、江戸の町に独身男性が増えてきた頃だ。外食需要の高まりを受け、天秤棒をかついで食べ物を売り歩く振り売りや、屋台も次々と登場。やがて店舗を構える料理屋も現れた。

　江戸で人気の食べ物は、蕎麦に鮨（寿司）、天ぷら、うなぎで、いずれも屋台で売られていた。蕎麦は蕎麦がき（蕎麦粉を熱湯でこねたもの）を食べていたが、やがて麺状に切った蕎麦切りが主流に。夜に蕎麦を売る夜鳴き蕎麦も登場。価格が16文と決まっており、2×8＝16で二八蕎麦と呼ばれた。

　鮨も人気だった。初期の鮨は塩漬けの魚の腹を裂いて中に飯をつめ、重しをして発酵させる馴鮨だった。臭いがきつくて食べる人を選んだが、酢を混ぜて重しをして一晩置く早鮨を経て、てっとりばやく酢飯に魚を載せた握り鮨が現れると爆発的に流行した。

　天ぷらは屋内で食べるイメージがあるが、火事の多い江戸では油を使う天ぷらは屋内営業が禁止されていた。天ぷらやうなぎの蒲焼きをどんぶり飯に載せ、たれをかける丼物も流行した。

　江戸の料理屋は、浅草寺門前にできた奈良茶飯（奈良の郷土料理。炊き込みご飯の一種）を出す店が始まりといわれている。今でいう定食屋で、こうした簡易食堂を一膳飯屋といった。

　当時の居酒屋の売り物は酒だけで、肴は置かなかった。そこで、おかずを出す煮売り屋や煮しめ屋が登場。自炊とは無縁の独身男性にはありがたい存在だったろう。料理屋や茶屋（飲食物を提供する休憩所）、高級料亭などの外食店も次々誕生。庶民は気軽な屋台や飯屋へ、体裁を気にする武士や裕福な商人たちは料理屋へと、江戸の人々は身の丈に応じて外食を楽しんだ。

江戸の外食産業

外食文化を形成した江戸時代

居酒屋と「往来」と呼ばれる軽食の屋台が誕生。特に鮨、天ぷら、うなぎ、蕎麦は四大名物食として庶民に親しまれた。

居酒屋の様子

酒屋が店先で酒を出すようになり、生まれたのが居酒屋。当初は酒屋の男性が接客し、肴を出すことはなかったという。独身男性が多かった都市部では特に居酒屋が繁盛し、おかずを出す「煮売り屋」や「煮しめ屋」も同時に展開した。

往来の人気フード

天ぷら
串に刺した天ぷらは、「おやつ」のような感覚で、庶民も気軽に口にした。タネは、穴子やいか、コハダなど、江戸前の魚介類が多かった。

うなぎの蒲焼き
往来で生まれた名物。江戸時代の前半までは、塩焼きや味噌焼きが主流であったが、元禄期に濃口醤油の掛け焼きが流行し、庶民に親しまれた。

早鮨
当初は魚の臭いがきつく、好まれなかった鮨。そこで酢飯に魚をのせて一晩置く押し早鮨が発案された。後に、魚も飯も新鮮な握り鮨が誕生するきっかけとなった。

嗜好品から日用品まで何でも揃う、行商人は移動式のコンビニだった

| 該当する人々 ▷ | 町人 | 農民 | 武家 | 皇家 | その他 |

| 該当する時代 | 江戸前期 | 江戸中期 | 江戸後期 |

夏には夏の、冬には冬の 季節商品を扱う行商もいた

今は街中の至る所にコンビニがあり、日用品から嗜好品まで、気軽に買いものができる。江戸時代、似たような機能を担っていたのが行商だ。天秤棒を担いでものやサービスを売り歩いた振り売り（棒手振）から、移動店舗の屋台まで、さまざまな行商が江戸の町を行き交っていた。

客を呼び集めるため、独特の節回しでアピールするものも多かった。豆腐売りや納豆売りがその代表例。時計を持たない江戸の人々は、そうした行商の声で時を知った。

魚や野菜は、振り売りが路地奥まで届けてくれる。魚売りは客の求めに応じて魚に包丁を入れた。店舗を持つゆとりのない八百屋は、振り売りで野菜を売り歩く。身の回りの道具も行商から買い求めるが、江戸の庶民はものを大事にして、壊れても修理して使っ

た。そのため包丁やハサミ、鋸の歯まで研ぐ研屋や、鍋や釜、やかんなどを修理する鋳掛屋という商売も存在した。

行商の中にはこのように日用品を扱い、ほぼ通年商売をするもの以外に、季節商品を取り扱うものがあった。

季節商品は、町に季節の到来を知らせる役割も担っている。元旦を迎えると、宝船に七福神を描いた絵を売るお宝売りが現れる。初夢がよい夢になるよう、庶民はこれを買い求めた。3〜4月には苗売りが、きゅうりやなす、かぼちゃ、朝顔などの苗を売った。

初夏には涼しげな音色とともに風鈴売りが、屋台いっぱいに吊り下げた風鈴を売り歩く。七夕の竹売りや蚊帳売りなども夏の風物詩だ。金魚売りや虫売りなど、生き物を扱う行商もいた。寒い季節には甘酒売りや汁粉売りが現れる。汁粉売りは、汁粉の売れない夏には冷えた水玉（うどん粉を丸めてゆでたものに砂糖水をかけたスイーツ）を売り歩いた。

食べ物売り

旬の食材は庶民にも大人気！

江戸時代、さまざまな食べ物を売り歩いた行商人たち。目立ついでたちや、巧みな話術で通行人の興味をひく者もいた。

新海苔売り

江戸大森から採れたての新海苔を仕入れ、天秤棒で担いで売り歩いた。寒い時期に採れる、香りや旨みが強い新海苔は人気商品だった。

白酒売り

街頭で白酒を売った商人。人足や職人らに茶碗で酒を提供し、その場で立ち飲みしてもらう。歌舞伎の格好で、通行人の興味をひく者もいた。

唐辛子売り

唐辛子の形をした容器の中に、七色唐辛子の小袋を入れて売った。山椒や黒胡麻、唐辛子など7種の原料を客の好みに合わせて調合する者も。

魚売り

日本橋の魚河岸から仕入れた魚を持って各家を回り、客の要求通りに包丁を入れた。元気がないと活きが悪いとされるため、ねじり鉢巻き姿でてきばきと動いた。

観劇

旅行

色街

趣味嗜好

公共施設

遊び

日用品売り

必要なぶんだけ量り売るスタイル

生活に必要不可欠な日用品から、お洒落を楽しむものまで、
行商らは幅広く扱った。

文庫売り

文庫と呼ばれる、家紋が描かれた本箱を
売った。文庫は主に戯作本や暦本を収納
することが多かったが、小物入れとして使
用する女性も。

端切れ売り

着物を仕立てた際に余る端切れを安く買い
上げ、天秤棒の両端に吊り下げて売り歩い
た。安価で手に入るため、裏長屋の女性ら
が好んで買いに来た。

油売り

桶に入れた油を量り売りした商人。灯油か
ら食用の油までさまざまな種の油を天秤棒
で担ぎ、客の持ってきた容器に流し入れた。

醤油売り

醤油や塩、調味料、時には酒を桶に入れ、
天秤棒で担いで量り売りした。「醤油やぁ、
醤油〜」といって売り歩いた。

こんなものも売ります

ラブレターや虫が商品に

食べ物や日用品のほか、一風変わったものを売り歩く者も。
その姿は、正月や夏、秋の風物詩として庶民に愛された。

風鈴売り
屋台にたくさんの風鈴を吊り下げて売り歩く。ガラスでできた球体の風鈴が響かせる涼しげな音につられて、買ってしまう江戸っ子もいた。

懸想文売り
懸想文とは、縁起のよいラブレターのようなもの。白の装束に身を包み、毎年正月に、懸想文を梅の枝に結びつけて若者に売っていた。

玉屋
ムクロジの実を煮た液体を作り、売り歩いた。今でいうシャボン玉のように、その煮汁を吹くと空気中を飛ぶ泡を作ることができ、子どもに好まれた。

虫売り
鈴虫、こおろぎ、玉虫、蛍などを商品とした。秋の夜にそれらの虫の鳴き声を聞くのは涼しげで風流なこととされ、貧しい庶民も虫を飼うのが普通であった。

煙草は江戸っ子に愛された
大人気の嗜好品

該当する人々 ▷	町人	農民	武家	皇家	その他

該当する時代 ▷	江戸前期	江戸中期	江戸後期

 ## 男も女もキセルを手に
気軽に喫煙を楽しんでいた

　江戸の人々にとって嗜好品といえば、まずは煙草であった。桃山時代、ポルトガル人が日本に伝えたもので、その名前もポルトガル語の「tabaco」に由来する。江戸初期には煙草屋もでき、喫煙習慣はまたたく間に社会に広がった。刻み煙草をキセルで吸うのが当時の吸い方。老若男女問わず嗜み、気軽にぷかぷか吹かしていた。

　しかし、家屋が木造なことに加え、からっ風の吹く江戸は火事に弱い。火元への注意は現代の比ではなかった。煙草も目の敵にされ、幕府もたびたび禁令を発したものの効果はなし。それどころか煙草入れやキセル、羅宇（キセルの管の部分）、煙草盆などの喫煙具にも凝りはじめ、一流の職人の手による品は人気も高かった。山城、伊賀、丹波など、煙草の葉の名産地まで誕生。一大産業となっていく。

　また、江戸時代は喫茶の習慣が市井に広まった時期でもある。江戸初期、庶民が飲む煎茶は抹茶用の葉の残りを用いた安価なもので、色も黒っぽいものだった。やがて江戸中期、宇治の永谷宗円が新たな製茶法を発明、緑色の高品質な煎茶が誕生し、お茶の主流は抹茶から煎茶へと移り変わっていった。

　さらに、江戸時代の人々はお菓子も大好きだった。おやつは八つ時（午後2時頃）に取る間食を指す。まさに八つ時、寺子屋から帰ってきた子どもたちは、おやつにお菓子を食べた。家の経済状況にもよるが、饅頭や大福餅などの甘味、水菓子（果物）が多かったようだ。和菓子の定番である羊羹は、初期は蒸し羊羹だったが、やがて寒天を用いた練り羊羹が作られるようになる。

　雑穀や水飴を用いた駄菓子は、江戸時代も庶民の子にとって定番のおやつだった。白砂糖を使うのは高級な菓子に限られていたため、駄菓子には黒砂糖が使われていた。

酒や茶よりも流行った煙草

やめられない嗜好品

煙草は江戸時代にポルトガルから伝来した。火事を避けるため幕府は取り締まりを図るも、男女ともに喫煙率は高かった。

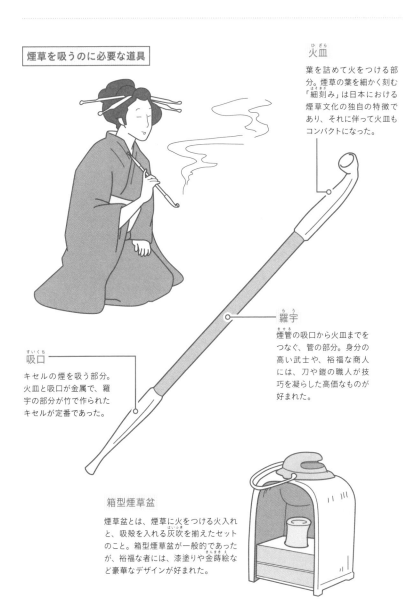

煙草を吸うのに必要な道具

火皿（ひざら）

葉を詰めて火をつける部分。煙草の葉を細かく刻む「細刻み」は日本における煙草文化の独自の特徴であり、それに伴って火皿もコンパクトになった。

羅宇（らう）

煙管の吸口から火皿までをつなぐ、管の部分。身分の高い武士や、裕福な商人には、刀や鎧の職人が技巧を凝らした高価なものが好まれた。

吸口（すいくち）

キセルの煙を吸う部分。火皿と吸口が金属で、羅宇の部分が竹で作られたキセルが定番であった。

箱型煙草盆

煙草盆とは、煙草に火をつける火入れと、吸殻を入れる灰吹を揃えたセットのこと。箱型煙草盆が一般的であったが、裕福な者には、漆塗りや金蒔絵など豪華なデザインが好まれた。

観劇
旅行
色街
趣味嗜好
公共施設
遊び

かわら版は江戸時代の
タブロイド紙

該当する人々 ▷	町人	農民	武家	皇家	その他

該当する時代 ▷	江戸前期	江戸中期	江戸後期

 ## 時事性・速報性を売りに
江戸の庶民に親しまれた

　江戸の大衆向けメディアといえばかわら版。木版で刷った印刷物で、新聞のルーツともいわれる。「読売」の異名があり、かわら版を売り歩く者たちも読売といった。最初の発行は江戸初期。大坂夏の陣を特集したものだという。

　幕府や町奉行は「お触れ」のかたちで情報を発信していた。いわばそれだけが正しい発信のあり方であり、お触れ以外は非合法なものだったのだ。そんな中、庶民がこぞって手に取ったのがかわら版である。時代劇で、読売が景気よくかわら版を売って回る姿が描かれるが、本来は無許可・非合法な出版物。実際は編笠で顔を隠し、見張り役と2人1組で売り歩いていた。

　現代の新聞は政治や経済、海外情勢などを主軸に、社会、文化、スポーツなどを取り混ぜたやや硬めの紙面構成になっているが、かわら版はむしろタブロイド紙に近い。庶民の視点に立ち、衆目を集めやすい事柄をもっぱら取り上げていたのだ。その最たるものがゴシップ。ほかに時事ネタや風刺、眉唾ものの奇談珍談など。大衆向けだけに、バラエティに富む内容になっていた。

　定番ネタは仇討ち。特に女性の仇討ちは大人気。時事性と速報性が売りなだけあって、心中が流行った時代には心中ネタを積極的に取り上げた。大規模な地震や火災など、災害時に詳細な情報を提供するのも特徴。安政の大地震の時にも、出火状況を詳しく絵で報じて庶民の要求に応えた。その一方で、ガセネタも多い。怪異や妖怪の出現譚などいかにも眉唾ものだが、これはこれで読者を喜ばせた。

　幕末になると黒船来航や揺れる国内政局なども紙面を飾る。ただ、宝物を取り合う子どもの遊びを描いて、幕府と維新政府が角突き合わせる戊辰戦争の戦局を暗示させるなど、そこはかわら版ならではの趣向が凝らされていた。

キャッチーな紙面

災害速報から、妖怪出現のネタまで

非合法ながら盛んだったかわら版。多くがうわさ話の域を出なかったが、徐々に災害速報や政争を伝えるようになった。

災害速報
火事が多かった江戸時代、被災地域を表した地図が発行され、災害状況を素早く伝えるメディアとしても機能した。

心中事件
庶民の関心が高かった心中事件。体制批判につながりかねないと警戒した幕府が、厳しく取り締まった内容であった。

仇討ち事件
兄を殺された妹が、剣術を修行し6年後に浅草で仇を討った話など、女性の仇討ちは人気の高いトピックだった。

政争
黒船来航、禁門の変、戊辰戦争など。幕府の規制管理下でも徐々にこうした政争や社会ネタが伝えられた。

妖怪出現
妖怪が現れたというネタも頻繁に取り上げられた。江戸の人々は、妖怪を娯楽の対象ととらえ、その滑稽な姿を楽しんだ。

社会風刺

宝物を取り合いっこする子どもの絵に見せかけた幕府軍と新政府軍の攻防など——風刺画も人気だった。

身分を問わず裸で付き合える！
銭湯は大人のサロン

該当する人々	町人	農民	武家	皇家	その他

該当する時代	江戸前期	江戸中期	江戸後期

 **江戸っ子は風呂が好き！
1日に何回でも入っちゃう**

　江戸に銭湯（湯屋）が登場したのは天正19年（1591）、徳川家康が入府した翌年のこと。江戸は関東平野にあり、からっ風が山から吹き下ろしてくる。体にまとわりつく土埃を洗い流せる銭湯が普及する土台があったのだ。

　初期は蒸し風呂が主流。やがて湯船で湯浴みをするのが一般的になり、洗い場と湯船の間に柘榴口という敷居が置かれた。壁の下方が三尺（約90cm）ほど開き、身をかがめて湯船に入るようにしたもので、湯気を逃がさない工夫だ。同時に湯の汚れを見せない意味もあった。柘榴口の名は、柘榴の酢で鏡を磨いていたことから「鏡要る」と「かがみ入る」を掛けたシャレである。

　銭湯の営業時間は明け六つ（午前6時頃）から夜五つ（午後6時）くらいまで。朝湯の客は下級武士や遊客など。夕方には子どもたちが、夜には仕事を終えた商人や職人たちが姿を現す。家事をこなす女性たちは、ようやくしまい湯に浸かることができた。初期には混浴が普通だったが、やがて風紀の乱れを懸念する幕府が禁じて男女別になる。

　入浴料金は初期で4～5文、後期になると物価上昇も手伝って12～16文になる。ただ、いずれもかけそば1杯分程度の低料金。定額で月に何度でも通える定期券（羽書）もあった。貧しくとも身ぎれいであることを粋とする江戸っ子だけに、日に何度も利用する者もいた。

　長屋だけでなく、防火目的で町家や武家にも基本的に風呂がなかったため、銭湯は身分の上下なく利用された。2階には別料金の座敷もあり、男たちのサロンとして機能していた。武士も町人も裸の付き合いで、風呂上がりに囲碁や将棋を楽しんだり、ちょっとした情報交換をしたりしたのだ。今であれば大問題だが、床の覗き窓から女湯を覗ける銭湯もあったとか。

湯屋の内装

長湯はしない！　江戸っ子の短時間入浴

江戸時代の風呂屋「湯屋」は大盛況で、湯船に長く浸からず、短時間で洗って出て来る入浴スタイルが主流だった。

上がり場

浴槽とは別に用意された湯。洗い場でしっかり体の汚れを落とし、上り湯をかける江戸っ子が多かった。

柘榴口（ざくろぐち）

浴槽と洗い場の間にある門状の入り口で、客はみな下をくぐりぬけて湯に入った。当時、鏡を磨くのに柘榴の酢が用いられたため、「鏡要る」と「かがみ入る」をかけて、この名前で呼ばれた。

三助（さんすけ）

背中を流したり、体を洗ったりする役目の者。時には、お客の要望に応えて、体を揉むサービスもした。

番頭

番台に上がって、お客から銭を受け取る人のこと。高価な着物や銭を狙う盗人も多かったため、常に目を光らせる必要があった。

脱着衣場

地面から1段高くなっている板間に上がって、着物を脱いだ。洗い場との間には竹の簀子（すのこ）が敷かれ、水が切れるようになっていた。

洗い場

桶を使って体を洗う場所。細い溝ができており、使用したお湯が流れるような仕組みになっていた。

生け花、三味線、茶の湯etc.——
江戸のカルチャースクール事情

該当する人々 ▷	町人	農民	武家	皇家	その他

該当する時代 ▷	江戸前期	江戸中期	江戸後期

 泰平の世は習い事が大繁盛
庶民も日々稽古に通った

　天下が定まると、時間の使い方も変化する。習い事はそのひとつ。江戸の人々は身分や立場に応じて、それぞれ習い事に打ち込んだ。現代のカルチャースクールのようなものである。

　最初に流行った習い事は剣術だった。主家を失った浪人たちが開いた町道場に、庶民たちが剣を習いに通う。武士の出世の手段だった剣の道も、泰平の世では習い事のひとつになってしまったのである。

　社会が安定期に入ると、歌舞音曲、生け花、茶の湯などが習い事の主流になる。長唄や端唄など、三味線を伴奏に歌うお座敷唄を宴席のたしなみに身につけたがるものも増えた。習い事、稽古事が、次第に日々の予定に組み込まれるようになっていった。

　当時、商家や富裕な農家の娘は、武家屋敷や豪商に奉公に出されるのが一般的だった。それに先だち、一人前の女性としての礼儀作法を身につけさせる慣習が行儀見習だ。娘たちはそこで言葉遣いや立ち居振る舞いのみならず、三味線や琴、踊り、茶の湯、生け花など、女性さまざまな身につける。現在の花嫁修業に通じるものがあるが、そうした教養を習得して初めて一人前と認められたのだ。女性が習い事の多さに不満を訴える場面が式亭三馬の滑稽本『浮世風呂』に出てくるくらい、当時の娘たちも大変だったのだ。

　数ある習い事の中で最も人気が高かったのが、長唄などの伴奏に使われる三味線だ。奉公前の娘たちも生徒として通ったが、教える師匠の側も、自ら行儀見習から奉公に上がって腕を磨いた女性が多い。中には芸者上がりの女性もいて、いずれも自宅を稽古場にするのが通例だった。上達より師匠目当てに稽古に通う下心見え見えの男もいた一方、師匠が武家や豪商の妾というケースも少なくなかった。

人気の稽古事

花嫁修業の女児からモテたい旦那まで

職を失った浪士が道場を開いて剣術を教えたことから、稽古事を習う習慣が生まれた。江戸版のカルチャースクールだ。

さまざまな習い事

三味線

人気ナンバーワンの習い事。ほかにも尺八や小唄、長唄など、宴席で披露できる謡曲が商人や町人に好まれた。

剣術

硬派の稽古として、町民や農民も習った。宮本武蔵が剣術道場を開いた江戸初期に一大ブームが起き、幕末に再び人気を集めた。

囲碁&将棋

碁打ちと将棋指しには幕府から扶持が与えられ、知的階級の遊びとして浸透。次第に庶民にも広がり、湯屋の2階でも盛んに行われた。

茶の湯

次第に習い事として普及したものの、本来の茶の湯の姿から外れ、遊芸として変質をとげた部分もあった。

SwitchもPS5もないけど
遊びのアイデアは負けてない!

該当する 人々 ▷	町人	農民	武家	皇家	その他

該当する 時代 ▷	江戸前期	江戸中期	江戸後期

 ## 1人で静かに遊ぶより
みんなで楽しむのが基本

　子どもは遊びの天才。江戸時代の子どもたちの日常も、さまざまな工夫を凝らした遊びに満ちあふれていた。

　勝負事が好きな男の子に人気だったのが、めんこやベーゴマ。今の対戦ゲームに通じるものがあるかもしれない。とがった木の棒を交互に地面に打ち込み、相手の棒を倒したほうが勝者となる「根っ木」という遊びもあった。

　当時の竹馬はその名の通り竹製。親でも簡単に作れるものだった。器用なもので、子どもたちは、すぐに片足で竹馬をあやつれるようになった。

　とんぼが飛ぶ季節には、メスを棒の先につけ振り回し、オスを誘って捕まえた。メス1匹でいくらでもオスを捕まえることができたという。正月の凧揚げも、男の子の代表的な遊びである。自慢の凧を持って毎日のように近所の原っぱや空き地に出かけた。

　女の子は正月、羽根突きを楽しんだ。ムクロジの種に鳥の羽根を挿したものを羽子板で打ち合い、受け損なったら負けとなる。普段の遊びは、ちょっとした身の回り品を使ったおとなしめのものが多い。お手玉、あやとり、おはじきなどだ。

　毬つきは、もとは毬を上に投げては受け取る遊びだった。やがて弾力のある毬が登場すると、トントンとくり返し地面について遊ぶようになる。

　鬼ごっこや影踏みは、当時から外遊びの定番だった。鬼ごっこは鬼になった子が、逃げ回るほかの子どもたちを追いかける遊び。捕まった子が次の鬼になる。影踏みは捕まえる代わりに、相手の影を踏む点が違う。室内遊びは双六、カルタ遊びなどが定番だった。

　子どもたちは暇さえあれば仲間をさそって遊びに興じていたが、庶民の子は庶民の子同士で集まるのが習いで、武家や裕福な家の子が加わることはなかった。

男の子の遊び

江戸男児の心をつかんだ遊びの数々

我を忘れて遊びに夢中になり、武家の大名行列を横切ったり、武士に水をかけたりして、叱られた江戸っ子もいた。

箍回し

廃品になった桶や樽から箍を外し、小枝で回し転がす遊び。転がすのに夢中になり、大名行列を横切って怒られることも。

竹馬

江戸時代に、現代でも知られる横木に足を乗せる形の竹馬が普及。上達すると、一本の竹は肩にかつぎ、片足でピョンピョンと跳ねて遊んだ。

とんぼ釣り

棒から吊るした糸の先に、メスのトンボをくくり付け、棒を振り回してオスのトンボを捕まえる遊び。

水鉄砲

戦国時代、火消しの用途で用いられていた水鉄砲。江戸時代の男の子は、ポンプの原理を応用した竹製の水鉄砲で夏の暑さを吹き飛ばした。

女の子の遊び

色とりどりの遊び道具で楽しんだ

室内で遊ぶことが多かった女の子。遊び道具は華やかな色合いのものが多く、豪華な装飾が施されたものもあった。

カルタ遊び
もともとヨーロッパ発祥のカルタ。江戸時代には、花カルタ、いろはカルタ、百人一首など日本独自のカルタが生まれた。

お手玉
平安時代は小石を用いたお手玉が主流だったが、江戸時代に、小豆を小さい袋に入れ、複数個を投げて遊ぶ形に変わった。

毬つき
五色の糸で作られ、見た目が華やかな毬を地面について遊んだ。中には、綿、芋殻、こんにゃく玉などが詰められて、跳ねるようになっていた。

鼬ごっこ
相手の手の甲をつねったらその上に自分の手を置いて、「いたちごっこ、ねずみごっこ」と声に出し、相手もそれを繰り返す遊び。

みんなでやる遊び

男の子と女の子、皆仲良く遊ぶ時も

江戸時代の遊びには、男子と女子が一緒に大人数で楽しむものも多かった。各地域で独自の掛け声やルールが生まれた。

芋虫ごーろごろ

みんなで1列に並んでしゃがみ、前の子の帯をつかんで、体を左右に振りながら芋虫のように歩く遊び。勝負はつけず、疲れるまで繰り返す。

堂々めぐり

2人で手をつないで、引っ張り合いながらぐるぐると回っていく遊び。目が回って倒れたら負け。大人数で輪を作って遊ぶ時もあった。

子捕ろ子捕ろ

鬼になった子が、相手チームの先頭を突破し、後ろの子を捕まえる遊び。親は子が捕まらないよう必死に邪魔をするが、子どもが全員捕まると、今度は親が鬼に。

火鉢にあたって焼き芋を食べる！
江戸時代の超アナログな冬の寒さ対策

頭巾や手拭いがフードやマフラー代わり

　江戸時代は現代より気温が低かった。その上、木造家屋ということもあって冬は屋内でも底冷えする寒さ。火鉢など暖房具で温まるにも限りがある。そこで冬の部屋着として流行したのが「どてら」だ。綿をたくさん詰めたどてらは身分の上下なく愛用された。外出時は男性は袷羽織（裏地付きの羽織）を、女性は半纏（丈の短い羽織）を着物の上に羽織った。布をフード状にした頭巾は、頭部の防寒に主に女性が使用。手拭いを頭巾代わりに被ったり、マフラーのように首に巻くこともあった。寒い日に温かいものを食べるのは今も昔も変わらない。当時、一部で食されたのが猪の肉。体の中から温まるとされた。冬のおやつの定番、焼き芋も人気だった。

江戸っ子の
ライフスタイル

さまざまなイベントに興じ、日々を生きていた江戸っ子たち。マンショ
ンや便利な道具のなかった江戸時代、彼らは日々どのように暮らして
いたのだろうか。長屋・生活用品・ペットの3点から、彼らの等身大
の暮らしぶりを覗いてみよう。

風呂もなければトイレもない!?

一般庶民が暮らした裏長屋

　江戸市中は武士が暮らす武家地、寺社の有する寺社地、庶民の暮らす町家（町人地）に分かれていた。人口の約半数は一般庶民だが、面積の上では武家地と寺社地が全体の8割を占め、空き地を除けば町家は2割弱しかなかった。

　京都にならい碁盤の目状に仕切られた市内は、表通りを挟んだ60間（約110 m）の範囲をひとつの町とした。この町は、表通りに面した間口5〜10間（約9〜18 m）×奥行き20間（約36 m）のブロックが集まってできている。これが長屋で、表長屋（表店）と裏長屋（裏店）から成っていた。表長屋は経済的に余裕のある商人などが住み、1階を店、2階を住居としていた。一方、裏長屋は横長の建物を薄い壁でいくつかに仕切った安手の集合住宅で、貧しい庶民が暮らしていた。

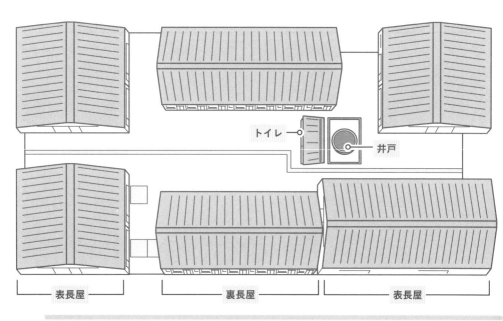

トイレ○──

井戸

表長屋　　裏長屋　　表長屋

裏長屋への入り口には３尺（90cm）ほどの木戸がある。住人はこの木戸を通って出入りしていたが、防犯のため明け六つ（午前６時頃）に開かれ夜四つ（午後10時頃）に閉ざされた。

　裏長屋の一室には土間と小上がりしかない。押し入れどころか風呂やトイレもなかった。布団はたたんで屏風裏にしまい、衣類は壁にかける。後は行灯など生活用品を置けば、もうスペースが残らない。１人でも窮屈で、親子３人が住むのにギリギリだった。

　埋め立てで拡大した江戸は、地下水に塩水が混じるため井戸が掘れない。裏長屋には共用の井戸があるが、これは神田上水や玉川上水から引いた水を溜めたもので、店子たちは水くみや洗濯など、生活用水として使った。毎年七夕には店子が総出で井戸の大掃除を行う。これを井戸替えといった。

　トイレは厠、雪隠、後架などといった。路地のほぼ中央に２〜３室あって共同で使用。扉は下半分だけで、用を足している人の姿が外からも見えていたのだから、プライバシーも何もない。

やっぱり、これがないと生活できない！
江戸っ子たちの生活必需品

米びつやすり鉢のようになじみ深いものから、鉄漿付道具のような江戸時代ならではの特殊なものまで、庶民はさまざまな日用品を用いて生活していた。

米びつ

主食の米（精米）を保存する容器。規格はないが木製の箱型のものが多かった。食事時には米びつから必要量だけ米を取り出し、洗米してから竈や七輪で炊いてご飯にした。

すり鉢

食材をすりつぶすための鉢。すりこ木を使って食材を粒状、あるいはペースト状にする。当時の味噌は精製されておらず、味噌汁を作るにはまず豆粒をすりつぶす必要があった。

岡持ち桶

２本の取っ手に横木を渡した蓋付きの桶。水くみなどに用いる手桶に比べると浅くて広いのが特徴。買いものや行楽の時に食料品を入れた。

味噌漉し

ザル状の木枠の底に細かい金網を張ったもの。当時の味噌は豆粒が残った状態だったため、すり鉢ですった後、さらに味噌漉しで漉す必要があった。

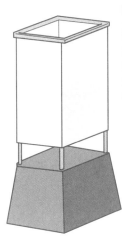

行灯

江戸時代は菜種から採った油を用いて灯火としていた。行灯は当時の室内用の灯火。菜種油を入れた皿に芯を挿して火をつけ、これを障子状の覆いで囲ったものである。

蝋燭台

菜種油の4〜5倍の明るさがあるろうそくは、燭台に固定して灯火とされた。紙製の覆いは風対策。製造に手間がかかる蝋燭は高級品で、一般への普及には時間がかかった。

房楊枝

江戸時代に歯ブラシ代わりに使われたのが歯磨き楊枝（房楊枝）。楊の小枝の先端を鎚で叩いたり裂いたりすることで、繊維をほぐして房状にしたものだ。

鉄漿付道具

既婚女性は鉄を酸化させた黒い液で歯を染める習慣があった。これを鉄漿付、あるいはお歯黒などという。庶民も例外ではなく、鉄漿付道具は人妻の必需品だった。

提灯

蝋燭台に柄をつければ持ち歩くこともできる。その発展型ともいえるのが提灯だ。竹で作った骨に紙を貼り、底に蝋燭を立てて使う。使わない時は畳むこともできた。

犬に猫に金魚……どんな時代でも、癒やしは必要！
江戸のペット事情

江戸時代にも、さまざまな動物をペットとして飼育する習慣があった。犬や猫はいうに及ばず、金魚は鑑賞用に多様な品種が作り出された。また、鳥や虫は、美しい鳴き声で耳を楽しませた。生き物を飼うにあたり、飼育法にあれこれ頭を悩ます点は現代人も江戸の人々も変わりがない。そうした需要を当て込んでか、犬や金魚、ハツカネズミなどの飼育マニュアルともいえる本まで出版されていた。

犬

ペットの代表格といえば今も昔も犬。江戸の町は、今と違って放し飼いの犬や野良犬などが多く歩き回っていた。室内愛玩犬として人気のあった「狆」は、大奥や大名家が飼い始めて一般に広まった。

猫

江戸時代になると数を増やし、人気のペットの座を不動のものとした。浮世絵師の歌川国芳も猫好きで、猫にまつわる作品も多く残している。ネズミ対策を兼ねて飼われることもあった。

金魚

一般で飼育されるようになるのは江戸後期、金魚売りが出回るようになってから。ワキンを品種改良したランチュウなど、多様な新種が誕生した。中には高価で取引されるものもあった。

鳥

鳥を飼う習慣は古くからある。文鳥やウグイス、コマドリ、メジロなど、鳴き声の美しい鳥が愛でられた。同種の鳥を持ち寄って、その鳴き声を競い合わせる「鳴き合わせ」も行われた。

ハツカネズミ

穀物を食べる害獣である半面、繁殖力旺盛なことから子孫繁栄の象徴として、江戸後期には飼育ブームが起こった。ネズミを客寄せに、子ども相手に菓子を売る大道芸人もいたという。

虫

江戸時代には虫売りという商売もあった。主にスズムシ、クツワムシ、マツムシ、キリギリスなどに代表される鳴く虫を扱う。庶民はこれを買い求め、美しい鳴き声を楽しんだ。

参考文献

◆ 書籍

『大江戸復元図鑑　庶民編』 笹間良彦　著（遊子館）

『江戸東京歴史探検〈第Ⅰ巻〉年中行事を体験する』 東京都江戸東京博物館　監修
（中央公論新社）

『図解　江戸の四季と暮らし　決定版　四季折々の行事と暮らしをイラストで再現』
河合敦　監修（学研プラス）

『歴史REAL　大江戸くらし図鑑』（洋泉社）

『過ぎし江戸の面影』（双葉社）

『歴史旅人Vol.6　江戸の暮らし完全ガイド』（晋遊舎）

『江戸歳時記』 宮田登　著（吉川弘文館）

『江戸風俗　東都歳時記を読む』 川田壽　著（東京堂出版）

『浮世絵の解剖図鑑』 牧野健太郎　著（エクスナレッジ）

『絵暦江戸の365日』 沢田真理　著（河出書房新社）

『江戸の祭礼』 岸川雅範　著（KADOKAWA）

『江戸・東京　下町の歳時記』 荒井修　著（集英社）

※その他、数多くの歴史資料を参考にさせて頂きました。

監修　小和田哲男（おわだ・てつお）

1944年、静岡市に生まれる。1972年、早稲田大学大学院文学研究科博士課程修了。2009年3月、静岡大学を定年退職。静岡大学名誉教授。主な著書に『日本人は歴史から何を学ぶべきか』（三笠書房、1999年）、『悪人がつくった日本の歴史』（中経の文庫、2009年）、『武将に学ぶ第二の人生』（メディアファクトリー新書、2013年）、『名軍師ありて、名将あり』（NHK出版、2013年）、『黒田官兵衛 智謀の戦国軍師』（平凡社新書、2013年）、『明智光秀・秀満』（ミネルヴァ書房、2019年）などがある。

STAFF

企画・編集	細谷健次朗
編集協力	楠りえ子
営業	峯尾良久
執筆協力	龍田昇、玉木成子、野村郁明、上野卓彦
イラスト	熊アート
デザイン・DTP	森田千秋（Q.design）
校正	ヴェリタ

大江戸　年中行事の作法

初版発行	2021年1月30日
監修	小和田哲男
発行人	坂尾昌昭
編集人	山田容子
発行所	株式会社G.B.
	〒102-0072　東京都千代田区飯田橋4-1-5
電話	03-3221-8013（営業・編集）
FAX	03-3221-8814（ご注文）
URL	https://www.gbnet.co.jp
印刷所	音羽印刷株式会社

しくみや文化が
よくわかる

G.B.の
作法
シリーズ

続々、発刊中！

第1弾

戦国　戦の作法

監修：小和田哲男

戦国武将を下支えした「足軽」や「農民」たちのリアルを追う。

定価：本体1,500円+税

第2弾

大江戸　武士の作法

監修：小和田哲男

江戸期の下級武士たちはどんな場所に住み、何を食べていたのか!?

定価：本体1,600円+税

第3弾

戦国　忍びの作法

監修：山田雄司

本当の忍者は空を飛ぶことはなく、手裏剣も投げることはなかった。

定価：本体1,600円+税

第4弾

幕末　志士の作法

監修：小田部雄次

幕末の時代を生きた志士たち。志を持っていたのはひと握りだった。

定価：本体1,600円+税

第5弾

戦国　忠義と裏切りの作法

監修：小和田哲男

忠誠を誓いつつも、寝返ることが常態化していた「家臣」がテーマ。

定価：本体1,600円+税

第6弾

近現代　スパイの作法

監修：落合浩太郎

近現代のスパイが実際に使っている道具や、行っている活動を白日の下にさらす。

定価：本体1,600円+税

第7弾

平安貴族　嫉妬と寵愛の作法

監修：繁田信一

風流なイメージがある平安貴族。実際は過酷な競争社会の中で生きていた。

定価：本体1,600円+税

第8弾

戦国　経済の作法

監修：小和田哲男

ゼニがなくては戦はできぬ！　経済の視点から読み解いた戦国の作法。

定価：本体1,600円+税